金銀名湯 伊香保温泉

小暮 淳

上毛新聞社

金銀名湯
伊香保温泉

黄金の湯

「伊香保温泉　日本の名湯」
群馬県民なら誰もが知っている
『上毛かるた』の「い」の読み札。
戦後の荒廃した日本が元気を
取り戻すためにとつくられた
「いろはかるた」の最初の文字に、
伊香保を置いた。
そして平和を願い、札を赤く染
めた。

その名湯は、ほぼ日本の真ん中
で湧く。
千余年もの昔から絶えることな
く、滾々《こんこん》と濛々《もうもう》と、そして神々し
く黄金《こがね》に輝きながら——

標高約７００ｍ、榛名山二ツ岳の
北東斜面に栄えた湯の町、伊香保。
３６５段の石段の両側には旅館、
みやげ物店が軒を連ね、独特の
景観が旅情をかもし出している。

正面にそびえる子《こ》持山《もちやま》と小《お》野子《のこ》
山《やま》、東にすそ野を広げる赤城山、
遠くに望む上越国境の峰々。
湯の舟に乗って、絶景の天空を舞
う遊覧へ。
サラサラと行く白《じろ》銀《がね》の流れに身
をまかせ——

白銀の湯

【もくじ】*Contents*

八幡坂

八千代坂

石段街

湯元通り

群馬の温泉マップ

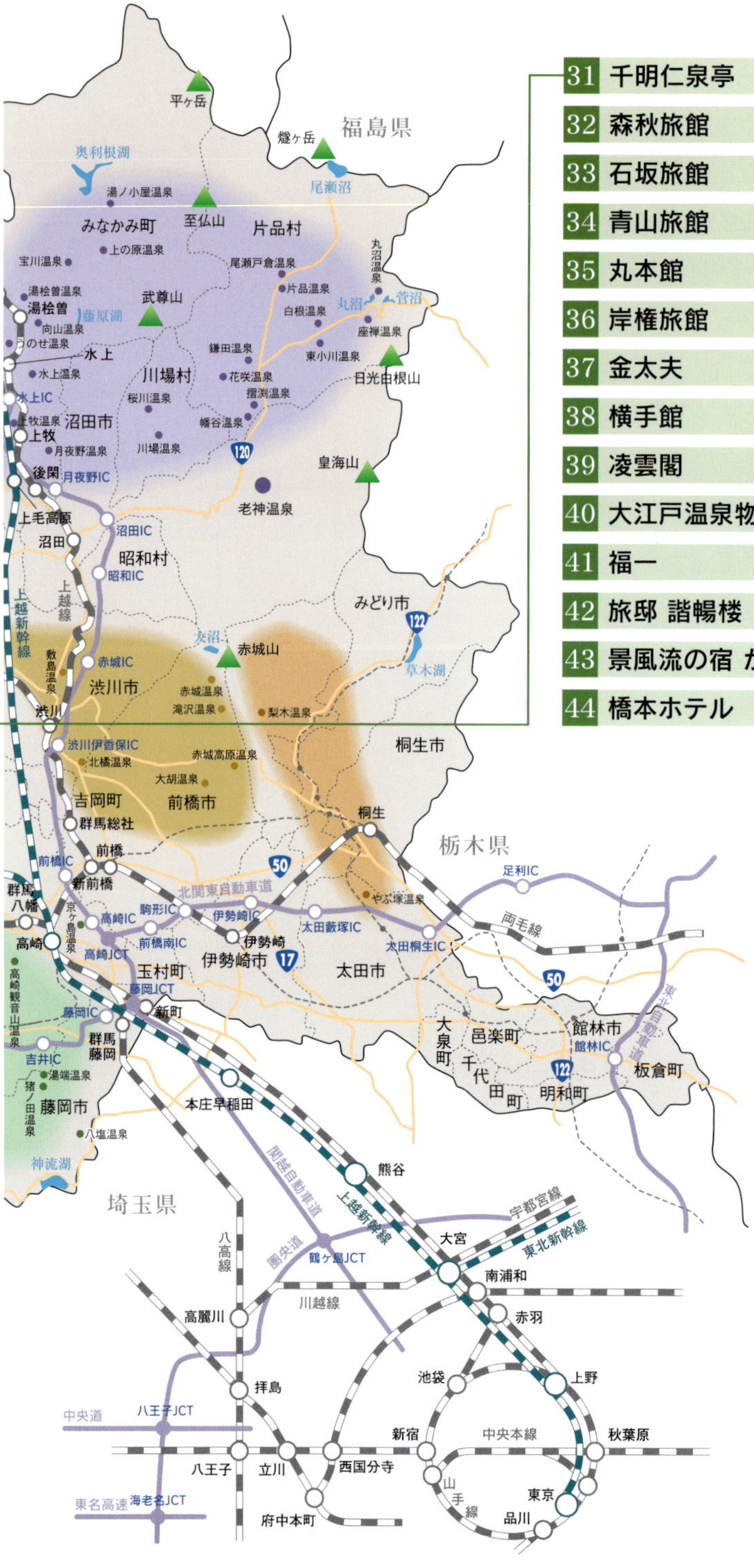

31 千明仁泉亭
32 森秋旅館
33 石坂旅館
34 青山旅館
35 丸本館
36 岸権旅館
37 金太夫
38 横手館
39 凌雲閣
40 大江戸温泉物語 伊香保
41 福一
42 旅邸 諧暢楼
43 景風流の宿 かのうや
44 橋本ホテル

［地図凡例］
- 吾妻地区
- 利根地区
- 西部地区
- 中部地区
- 東部地区
- 新幹線
- JR線
- 私鉄線
- 自動車道路
- 主な国道

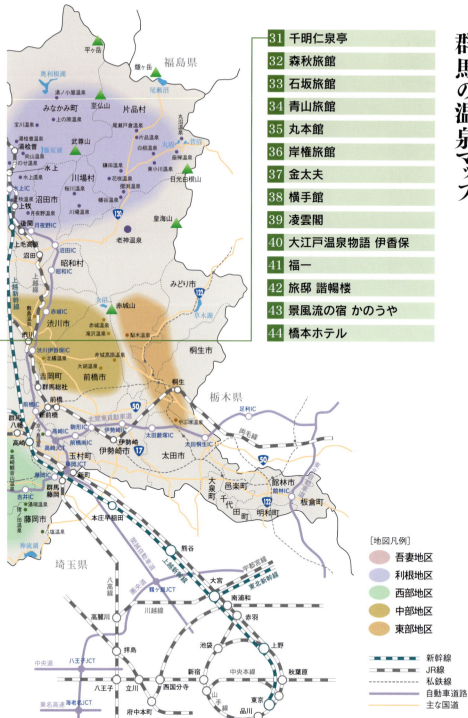

伊香保温泉

1 伊香保グランドホテル
2 旅館ふくぜん
3 ホテル松本楼
4 洋風旅館 ぴのん
5 ホテル冨久住
6 遊山の里 とどろき
7 HOTEL天坊
8 如心の里 ひびき野
9 お宿 かつほ
10 徳田屋旅館
11 榮泉閣
12 ホテルニュー伊香保
13 割烹旅館 春日楼
14 塚越屋七兵衛
15 香雲館
16 あかりの宿 おかべ
17 明野屋
18 さくらい旅館
19 市川別館 晴観荘
20 ホテルいかほ銀水
21 山陽ホテル
22 一冨士ホテル
23 いかほ秀水園
24 よろこびの宿 しん喜
25 ホテルきむら
26 ホテル木暮
27 和心の宿 オーモリ
28 古久家
29 美松館
30 お宿 玉樹

この本の 使い方

◎地区ごとに色分けしてあります。

◎写真は宿の特徴、環境、雰囲気、お湯の状況を重視して掲載しました。

石段街地区 31

創業515年、文豪に愛された歴史と伝統の宿

◆伊香保温泉「千明仁泉亭」

〈上州伊香保千明の三階の障子開きて、夕景色を眺むる婦人。年は十八九。品好き丸髷に結いて、草色の紐つけし小紋縮緬の被布を着たり。〉

文豪・徳冨蘆花は、明治31（1898）年に初めて伊香保温泉に滞在し、国民新聞に小説『不如帰』の連載を始めた。冒頭の文章でも分かるように、それ以来、蘆花は千明仁泉亭を常宿としていた。

「昭和2（1927）年に亡くなられるまで、うちには11回泊まられたと聞いています」と22代目女将の千明佳寿子さん。臨終でさえ、蘆花のたっての希望により千明仁泉亭で迎えている。

享年60歳。多くの著名人が来湯しているが、伊香保を最も愛した文人であろう。

創業は文亀2（1502）年と伝わる。この年号は連歌師の宗祇が中風の治療のために投宿したという文献によるもので、「実際には、それ以前から営業はしていたということです」と女将は笑った。いずれにせよ、伊香保で一番歴史の古い宿であることには違いない。

歴史が古いということは、湯の権利も多く持っているということだ。聞けば、総湯量の3分の1が配湯されているという。よって、館内のすべての浴槽が完全かけ流しである。名湯「黄金の湯」源泉が惜しみなく、ザバザバとあふれ流れ出しているさまは、圧巻としか言いようがない。

なかでも極めつけは大浴場の「仁乃湯」。県内でも珍しい深さ1mという"立ち湯"が味わえる。7m×3mという湯舟のサイズは、風呂というよりプールのよう。湯量があってこそのスケールである。誰もいないときに、つい、泳ぎたくなる広さである。

■源泉名：伊香保温泉　総合湯（混合泉）　■湧出量：4000ℓ／分（自然湧出）　■泉温：41.6℃　■泉質：カルシウム・ナトリウム－硫酸塩・炭酸水素塩・塩化物温泉　■効能：神経痛、筋肉痛、関節痛、動脈硬化症、切り傷、やけど、慢性皮膚病ほか　■温泉の利用形態：加水なし、加温なし（貸切風呂は季節により加温あり）、完全放流式

伊香保温泉　千明仁泉亭

〒377-0102　群馬県渋川市伊香保町伊香保45
TEL.0279-72-3355　FAX.0279-72-3359
電車：JR上越線、渋川駅からバス（約20分）で「伊香保石段下」下車。徒歩約5分。
車：関越自動車道、渋川伊香保ICより約20分。
■客室：34部屋　■収容人数：150人　■内風呂：男2・女2　■露天風呂：男1・女1　■貸切風呂：4　■サウナ：男1・女1　■宿泊料金：1泊2食 16,000円～（税別）

82

◎源泉名、湧出量、泉温、泉質、効能、温泉の利用形態を明記しています。

◎宿泊料金は最低料金からの目安となっています。

◎アクセスマップは、各地区の扉に掲載しています。

※効能区分は代表的な効能を取り上げており、温泉施設により効能の詳細が違う場合があります。ご利用の際は各宿にご確認ください。

※日帰り入浴の営業日・営業時間・料金などは、あらかじめ確認の上ご利用ください。（宿の状況によりご利用になれない場合もあります）

※交通手段や時間はおよその目安です。また、扉などに掲載の地図はすべて略図ですので、正確な地図とは誤差があります。あらかじめご了承ください。

※この本の掲載内容は2017年4月現在のものです。

金銀名湯

伊香保温泉

昭和初期の石段街

400年以上の歴史をもつ石段街

「伊香保」という地名は、すでに「万葉集」巻十四の東歌中上野《こうずけ》国の箇所に9首が記されている。歌の内容を読み解くと「イカホ」の意味は、「沼」や「背」、「風」であり、現在の温泉の地に限定している地名でなく、広域を指していることがわかる。

イカホの語源については諸説あるが、アイヌ語の「イカ、ボップ(たぎる湯)」から来ているとの説や上州名物の「イカヅチ(雷)」と燃える火(ホ)との関連などが伝えられている。

開湯の起源は不明だが、二ツ岳(榛名山の外輪山)の噴火によるものと考えられるため、西暦600年前後であろうといわれている。現在のような石段街が形成されたのは、天正4(1576)年、戦国武将の武田氏が町並みを整備したことから発展したと伝わる。

当時、伊香保には大屋《おおや》と呼ばれる14軒の温泉宿があり、年番で役を受け持っていた。延享3(1746)年、徳川家重の時代に12軒の大屋に子・丑・寅・卯・辰・巳・午・未・申・酉・戌・亥と十二

支の名が割り当てられ、明治維新まで年番で名主や伊香保口留番所（関所）の役人を勤めていた。

現在は十二支のプレートが、石段街の屋敷跡に埋め込まれている。

守り継がれる黄金の湯と小間口

伊香保温泉の源泉は昔から引湯権（小間口権）を持つ大屋たちにより守られてきた。小間口とは、源泉（温泉）が流れる本線「大堰」より各源泉所有者（旅館）への引湯の際に用いられる湯口のことで、湯口および引湯には木の樋《とい》が使用されている。樋には栗の生木（伊香保の泉質に一番強い）で作られていて、幅4寸（約13・2㎝）、長さ6尺（約198㎝）と決められている。

各大屋の敷地には小間口寸法に見合った数の湯坪があり、このうちの1つは屋敷湯であって門屋、店借層の利用に供給され、残りの湯坪が大屋の内湯として使用されていた。小間口の数は13カ所と規程され、例外を除いて小間口の新設は一般には許されなかった。

この伊香保特有な小間口制度は、過去に「温泉の寒暖をめぐる争い」や「湯量をめぐる争い」など大屋間の対立があったにもかかわらず、近世を通して温泉不譲渡の鉄則に支えられ、明治まで変わることはなかった。

現在はおのおの定められた量の源泉を所有する小間口権者（源泉所有者）組合により、伊香保の伝統ある茶褐色の源泉「黄《こ》金《がね》の湯」が守られている。今でも温泉の取入口として利用されている小間口が、石段街で見ることができる。

【こらむ❶】*Column*

黄金の湯と白銀の湯

伊香保温泉には2種類の源泉が湧いている。

「黄金《こがね》の湯」は、湧出時は無色透明だが鉄分が多いため空気に触れると酸化し、独特の茶褐色になる。泉質は、血圧降下や動脈硬化の予防に効果が高いといわれる硫酸塩温泉。刺激が少なく、身体を芯から温めて血行を促し婦人病に良く効くため、昔から「子宝の湯」としても親しまれている。開湯は古く、すでに万葉集にも詠まれている。夏目漱石や芥川龍之介、与謝野晶子など、多くの文人たちに愛されてきた名湯である。

一方、「白銀《しろがね》の湯」は、平成になって湧出が確認された新しい源泉。「黄金の湯」に対して湯の色が無色透明だったため、「白銀(しろがね)」と名付けられた。泉質は、サラリとして肌にやさしいメタけい酸含有泉。メタけい酸は化粧品の成分として知られ、保湿力に優れていることから"美肌の湯"とも呼ばれている。病後の回復や疲労回復、健康増進に効能があるといわれている。

伊香保温泉のすべての宿と日帰り入浴施設には、いずれの源泉(または両方)が引かれている。

一文字通り
梨木坂
ちろりん坂
あづま街道
かみなり坂

峠の公園

1 伊香保グランドホテル
2 旅館ふくぜん
3 ホテル松本楼
4 洋風旅館 ぴのん
5 ホテル冨久住
6 遊山の里 とどろき
7 HOTEL天坊
8 如心の里 ひびき野
9 お宿 かつほ
10 徳田屋旅館
11 榮泉閣
12 ホテルニュー伊香保
13 割烹旅館 春日楼
14 塚越屋七兵衛
15 香雲館
16 あかりの宿 おかべ
17 明野屋
18 さくらい旅館

黄金の湯館露天風呂

温泉街の玄関に建つ 癒やしのアミューズメント

◆伊香保温泉 「伊香保《いかほ》グランドホテル」

伊香保温泉街は、ここから始まる。「ようこそ伊香保温泉へ」と旅人を出迎える8階建ての白亜のホテル。1号館の「若《わか》紫《むらさき》」、2号館の「香木《こうぼく》」、3号館の「五葉《ごよう》」からなり、別棟に日帰り温泉施設の「黄金《こがね》の湯館」が併設されている。

チェックインを済ませて、フロントロビーからエレベーターに乗るために階段を上がって1階のフロアーへ。まず最初に目についたのは、カラオケルームだった。すでに、のど自慢を披露する客人たちで、にぎわっていた。館内には4カ所あり、すべて無料だ。予約制の個室タイプもあるが、ホールタイプの会場は予約なしで誰でも気軽に参加できる。

また「レトロゲーム横町」では、あの一世を風靡《ふうび》したインベーダーゲームが、現役で健在だ。あまりの懐かしさから、昔を思い出しながら腰を下ろしてしまった。2階には、囲碁・将棋ルームがあり、無料開放されている。まさに癒やしのアミューズメントである。

湯上がりの楽しみは、名物のバイキング料理。夕食会場の前には、開場前から長蛇の列が！

黄金の湯館内風呂

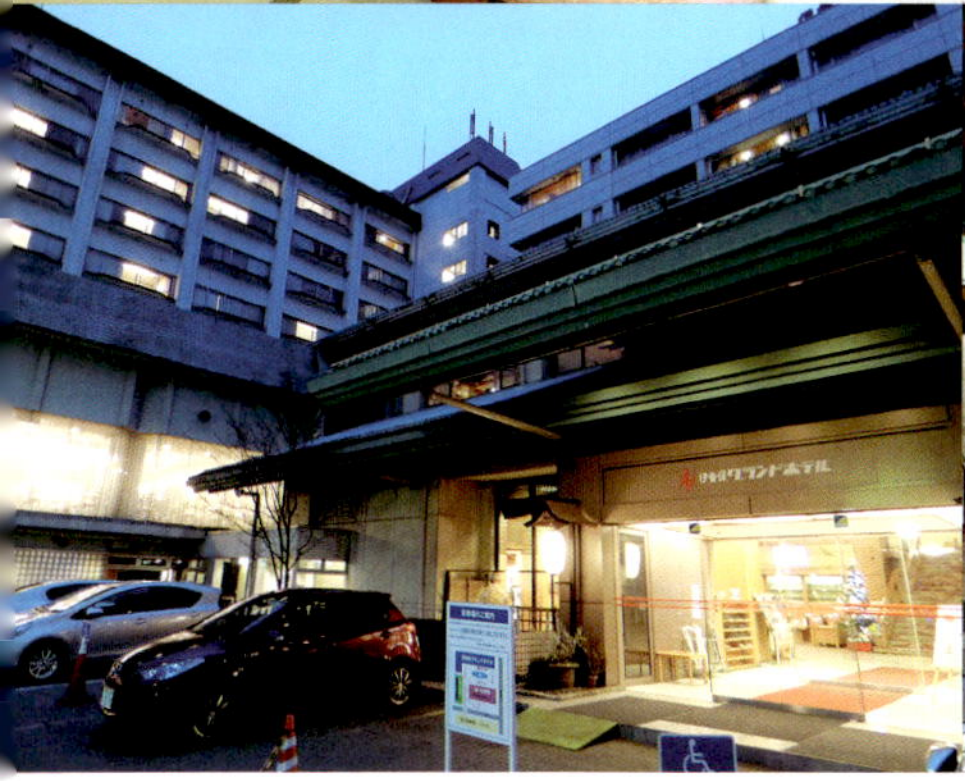

平日だというのに、この人気ぶり！　さて、その秘密は？　地酒フェアに、しゃぶしゃぶ、カニの食べ放題。ブランド牛や海鮮食べ放題など一年中、なんらかのフェアを開催しているのだ。温泉＋宿泊＋飲み放題＋食べ放題＝このお値段！　我も負けてなるものかとトレーを手に取り、列に並んだ。

■源泉名:伊香保温泉　総合湯(混合泉)　■湧出量:4000ℓ／分(自然湧出)　■泉温:40.9℃　■泉質:カルシウム・ナトリウム－硫酸塩・炭酸水素塩・塩化物温泉　■効能:神経痛、筋肉痛、関節痛、五十肩、運動まひ、冷え性、慢性消化器病ほか　■温泉の利用形態:加水あり、加温あり、完全放流式

伊香保温泉　伊香保グランドホテル

〒377-0102　群馬県渋川市伊香保町伊香保550
TEL.0279-72-3131　FAX.0279-72-2776
電車:JR上越線、渋川駅からバス(約20分)で「見晴下」下車。徒歩約1分。
車:関越自動車道、渋川伊香保ICより約20分。

■客室:98部屋　■収容人数:400人　■内風呂:男1・女1※「黄金の湯館」の利用も可　■宿泊料金:1泊2食7,800円～(税別)

ホテルに併設されている日帰り温泉施設「黄金の湯館」。宿泊客は無料で利用できる。大浴場をはじめ、森の緑を楽しめる露天風呂ほか、レストランやシアタールームなど娯楽施設も充実している。

赤ちゃんと一緒に ママもらくらく快適プラン

◆伊香保温泉「旅《りょ》館《かん》ふくぜん」

温泉街のメイン通りに面しながらも、竹林に囲まれた静かな佇まいを見せている。何よりも道路に面したエントランス前に、広い駐車場を構えているのがありがたい。戸惑うことなく車の発着ができるため、旅人にはやさしい宿である。

清潔感漂う白を基調としたロビーでは、シンボルとなる若葉色の大きな丸い柱が出迎えてくれた。フロントに目をやると、なにやら楯のような物がズラリと並んでいる。『ウェルカムベビーの宿』とは？

「ええ、これはミキハウスの子育て総研から基準を満たした宿だけに贈られる認定証なんです。おかげさまでうちは、毎年いただいています。さらに厳しい基準をクリアした部屋だけにいただける認定ルールもありますので、ご案内します」と常務の福田貴之さん。

二間続きの広い空間には、子育て家族をサポートする赤ちゃんグッズや安全性を配慮した設備が充実していた。パネルシェイドと呼ばれる冷暖房機器も、その一つ。一見、機器には見えないデザインでありながら、太陽のような暖かさと洞窟のような涼しさを味わえるという。

「旅行に行きたいけど行けない世代が、まさに子育て世代です。ひと時でも家事から解放され、ママさんたちには上げ膳据え膳のゆっくりした時間を過ごしていただきたいですね」と同館では、一般の客室でも授乳クッションやバンボ（赤ちゃんの食事用イス）、ベビーカー、おねしょマットなどを貸し出している。

宿の歴史は古く３００年以上前。伊香保神社下の石段街で、創業者の福田善十郎が「福善旅館」として営業を始めた。「あまりに古過ぎて、私で何代目なのかは分かりません。ただ、創業時からの『お客さまにのんびりおくつろぎいただくこと』という意思は受け継いでいます」と、老舗旅館の後継者としての志を語ってくれた。

■源泉名：伊香保温泉　西沢の湯1号・3号・4号の混合泉　■湧出量：測定せず（自然湧出）　■泉温：15.5℃　■泉質：温泉法第2条の「温泉」に該当（メタけい酸含有）　■効能：病後回復期、疲労回復、健康増進（ただし病後回復期については温泉療法医の指導に基づくこと）　■温泉の利用形態：加水あり（引湯量不足時のみ）、加温あり、循環ろ過式

伊香保温泉　旅館ふくぜん

〒377-0102　群馬県渋川市伊香保町伊香保396-1
TEL.0279-72-2123　FAX.0279-72-2874
電車：JR上越線、渋川駅からバス（約20分）で「見晴下」下車。徒歩約3分。
車：関越自動車道、渋川伊香保ICより約20分。

■客室：40部屋　■収容人数：150人　■内風呂：男1・女1　■宿泊料金：1泊2食 8,200円～（税別）　■日帰り入浴：可

牛肉こんにゃく
酒蒸しあさり

善福
珈琲

運が開ける純金風呂と心と体にやさしい施設

◆伊香保温泉「ホテル松本楼《まつもとろう》」

松"本楼"と聞くと、東京・日比谷公園の老舗洋食レストランを思い浮かべるが、やはり無関係ではなかった。

「ええ、私の曾祖父が大正時代に日比谷の松本楼で修業をしていたと聞いています。伊香保にもどり洋食料理の店を開業するにあたり、のれん分けをしていただいたとのことです。偶然にも名字が"松本"だったということも功を奏したようで」と微笑む、3代目女将の松本由起さん。当時はオムライスやハヤシライスなどの洋食が珍しかった時代。避暑地だった伊香保の町で、大変繁盛したという。

宿の創業は昭和39（1964）年。祖父母が現在地で、16部屋の小さな旅館を開業した。時はめぐり、高度経済成長期の宴会ブームも過ぎ、今はファミリー層中心のアットホームな宿づくりを目指している。何よりも完全バリアフリーの館内には感心させられた。フロントから客室までの導線はもちろんのこと、浴室や食事処まで車イスでも安心して移動ができる。

ハード面もさることながら、ソフト面のバリアフリー化にも力を入れている。「ご要望に応じて、低カロリー料理やきざ

み料理も用意しています」とのこと。高齢者向けだけではなく、乳幼児の離乳食もメニューに取り入れているという徹底ぶりだ。"記念日なら松本楼"と言われるくらい三世代に愛されている。

そして名物といえば、知る人ぞ知る純金小判風呂。別名、開運風呂だ！　黄金《こがね》の湯と白銀《しろがね》の湯、2つの浴槽に沈められた本物の小判を眺めながら湯に浸かれば、運気上昇間違いなし。「宝くじが当たった！」「ホールインワンが出た！」との、ご利益話が後を絶たないという。さて、私の運気は……？

■源泉名：伊香保温泉　総合湯（混合泉）、西沢の湯1号・3号・4号の混合泉　■湧出量：4000ℓ／分（自然湧出）、測定せず（自然湧出）　■泉温：41.6℃、15.5℃　■泉質：カルシウム・ナトリウム－硫酸塩・炭酸水素塩・塩化物温泉、温泉法第2条の「温泉」に該当（メタけい酸含有）　■効能：神経痛、関節痛、筋肉痛、切り傷、やけど、慢性皮膚病、婦人病ほか。病後回復期、疲労回復、健康増進（ただし病後回復期については温泉療法医の指導に基づくこと）　■温泉の利用形態：加水なし、加温あり、完全放流式（白銀の湯は循環ろ過式）

伊香保温泉　純金小判風呂　ホテル松本楼

〒377-0102　群馬県渋川市伊香保町伊香保164
TEL.0279-72-3306　FAX.0279-72-5620
電車：JR上越線、渋川駅からバス（約20分）で「見晴下」下車。徒歩約3分。
車：関越自動車道、渋川伊香保ICより約20分。

■客室：51部屋　■収容人数：289人　■内風呂：男1・女1　■露天風呂：男1・女1　■サウナ：男1・女1　■貸切風呂：2　■足湯：1　■宿泊料金：1泊2食 13,000円～（税別）　■日帰り入浴：可

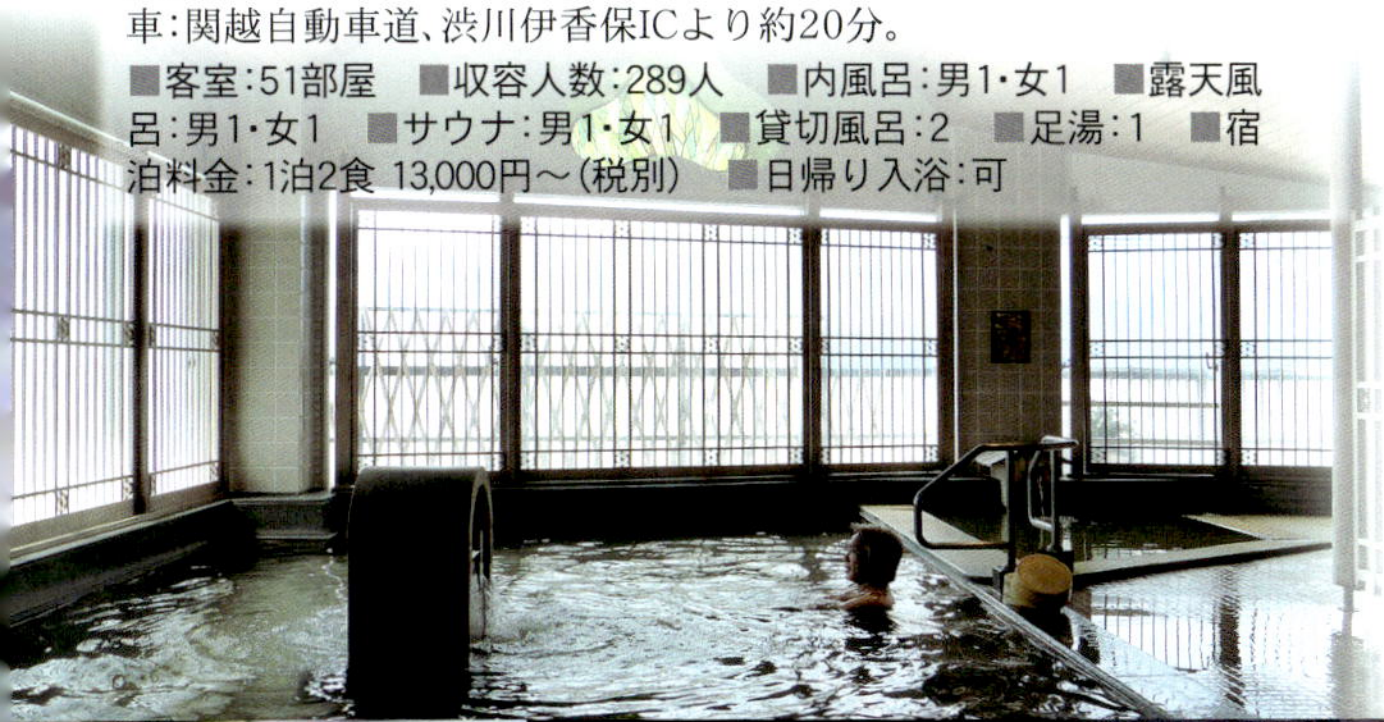

英国留学の経験を生かしたリーズナブルホテル

◆伊香保温泉「洋風《よう》《ふう》旅館《りょ》《かん》 ぴのん」

伊香保温泉の目抜き通りに建つ本館「ホテル松本楼」から坂道を下り出すと、まるでチャペルのような時計塔が見えてきた。レストラン「夢味亭」とある。一見、旅館には見えないが、これがイギリス留学の経験を生かして若女将が実現した理想の宿泊施設である。

「ぴのん（PINON）とはスペイン語で〝松ぼっくり〟のこと。私が生まれ育った大好きな旅館（本館）の雰囲気とイギリスで経験した居心地の良いホテルライフ、そして曾祖父母が大正時代に経営していた洋食店のイメージを形にしたくて平成9年に姉妹館としてオープンさせました」と松本由起さん。まだ団体客が主流だった当時、あまり歓迎されなかった若いカップルや女性の一人旅、外国人といった客層をターゲットとした〝ぴのんスタイル〟は話題となり、他の温泉地からも注目を浴びた。

洋館の中は異国情緒たっぷりな、アートとアンティークの世界。若女将が直接、イギリスから買い付けた年代物の調度品が配され、廊下や踊り場、客室は地元作家が描いた作品のミニギャラリーになっている。そんな〝洋の空間〟でありながら、浴衣のままで歩き回れる〝和のくつろぎ〟が、なんとも心地良い。

エレベーターの設置や広告宣伝費などの費用を削減し、その分を料理に懸けているだけあり、レストランの利用だけに訪れるファンも多い。夕食はフレンチ懐石とシノワーズ（創作中華料理）から選べ、朝食も洋食と中華と本館のバイキングの3種類から選べる。

何よりも温泉好きには、館内の黄金《こがね》の湯と白銀《しろがね》の湯のほかに、本館の大浴場も利用できるのが嬉しい。湯上がりに、浴衣で坂道を歩く風情を味わえる。

■源泉名：伊香保温泉　総合湯（混合泉）、西沢の湯1号・3号・4号の混合泉　■湧出量：4000ℓ／分（自然湧出）、測定せず（自然湧出）　■泉温：41.6℃、15.5℃　■泉質：カルシウム・ナトリウム－硫酸塩・炭酸水素塩・塩化物温泉、温泉法第2条の「温泉」に該当（メタけい酸含有）　■効能：神経痛、関節痛、筋肉痛、切り傷、やけど、慢性皮膚病、婦人病ほか。病後回復期、疲労回復、健康増進（病後回復期については温泉療法医の指導に基づくこと）　■温泉の利用形態：加水なし、加温あり、完全放流式（白銀の湯は循環ろ過式）

伊香保温泉　松本楼　洋風旅館 ぴのん

〒377-0102　群馬県渋川市伊香保町伊香保383
TEL.0279-72-3308　FAX.0279-72-5800
電車：JR上越線、渋川駅からバス（約20分）で「見晴下」下車。徒歩約5分。
車：関越自動車道、渋川伊香保ICより約20分。

■客室：20部屋　■収容人数：36人　■内風呂：男1・女1　■貸切風呂：2　■足湯：1　※本館「松本楼」の風呂も利用可　■宿泊料金：1泊2食 10,000円～（税別）　■日帰り入浴：可

I Love London.
2009
Billet

食堂・ホール
天然温泉 展望岩風呂
素泊り ビジネス滞在歓迎
ホテル 冨久住
TEL 0279-72-3359

天然温泉
展望岩風呂
ホテル
冨久住

ひとり旅、長期滞在歓迎！伊香保で唯一の素泊まりの宿

◆伊香保温泉「ホテル冨久住《ふくずみ》」

バスターミナルやロープウエーへ続く八幡坂の途中。ポツンとたたずむ3階建ての小さなホテル。"伊香保で唯一のビジネスホテル""長期滞在歓迎"と書かれた看板が、なんとも旅情をそそる。

フロントを抜けた1階の踊り場で、壁に掲示されていた新聞記事に目が止まった。1枚、2枚……。どちらも平成12(2000)年11月の日付だった。掲載されている写真の中では、美しい女性がカメラ目線で微笑んでいる。彼女の名前は富澤智子さん。享年25歳。没後9年経った年の新聞記事だった。

「最初は普通の観光ホテルだったのよ。私が厨房に入って、娘が手伝ってね。でも娘が亡くなって、私もダウンしちゃって……」と話し出した女将の富澤ツネヨさんの手には、1冊の本が握られていた。タイトルは『伊香保の万葉集』、著者は娘の智子さんである。伊香保に生まれ、伊香保をこよなく愛した彼女は、短大で国文学を学び、卒業論文で万葉集を取り上げた。卒業後、調理師免許と国内旅行取扱者の資格を取り、家業を手伝っていたが、突然の病が彼女を襲い、帰らぬ人となった。本は、恩師である大学教授らが中心となって作成したものであり、新聞は、その発刊を伝えるものだった。

展望岩風呂に身を沈め、遠く雪を頂いた上越国境の山々を眺めていた。きっと智子さんも、ここからの雄大な景色が好きだったに違いない。万葉集には伊香保を詠んだ歌が9首あり、すべての歌碑が伊香保に建立されている。一つ一つ、めぐってみたくなった。

伊香保ろの
岨《ひそ》の榛原《はりはら》わが衣《きぬ》に
着き寄らしもよ
一重《ひたへ》と思へば
(八幡坂のてっぺんにある歌碑より)

■源泉名：伊香保温泉　西沢の湯1号・3号・4号の混合泉　■湧出量：測定せず（自然湧出）　■泉温：15.5℃　■泉質：温泉法第2条の「温泉」に該当（メタけい酸含有）　■効能：病後回復期、疲労回復、健康増進（ただし病後回復期については温泉療法医の指導に基づくこと）　■温泉の利用形態：加水あり、加温あり、循環ろ過式

伊香保温泉　ホテル冨久住

〒377-0102　群馬県渋川市伊香保町伊香保160-20
TEL.0279-72-3350　FAX.0279-72-3351
電車：JR上越線、渋川駅からバス（約20分）で「伊香保温泉」下車。徒歩約7分。
車：関越自動車道、渋川伊香保ICより約20分。
■客室：10部屋　■収容人数：30人　■内風呂：1（貸切）
■宿泊料金：素泊まり　4,000円、5,000円（1人の場合）
※出前ＯＫ、コンビニ近し。　■日帰り入浴：可

アクセス抜群の立地と本格石窯料理のレストラン

◆伊香保温泉「遊《ゆ》山《さん》の里《さと》とどろき」

伊香保のシンボル、石段までは徒歩0分。通りの向かいはコンビニエンスストア。温泉街のメーンストリートの中心に立つアクセス抜群の立地条件だ。それゆえだろうか、ホテルのロビーというよりは、街のパブリックスペースのような開放的な雰囲気が漂っている。

「ここは大通りの一部です。涼みに寄っていただいてもいいし、トイレだけの利用でもいい。ほかの旅館の宿泊客でも出入りは大歓迎です」と総支配人の荒川浩さんは、目を細めて笑った。リゾートホテルでの勤務経験を生かしたオープンなサービスを心がけているという。

前身の「ホテル轟《とどろき》」から平成25年9月に経営者が替わり、「遊山の里　とどろき」としてリニューアルした。それでも1日も休業することなく、営業を続けたという。〝遊山〟とは、もちろん榛名山のこと。ここを拠点として、存分に群馬を代表するリゾート地を満喫してほしいという願いが込められている。

そして特筆すべきは、併設されているカフェレストラン「伊香保　精養軒」。パスタやカレー、ハンバーグやオムライスといった洋食の店だが、なんといっても一番人気は、本格石窯で焼いたピザ！　オリジナルの「伊香保ピザ」は、切り干し大根や明太子などの惣菜がトッピングされた創作料理。意外な組み合わせだが、これがクセになる美味で、リピーターが多いというのも納得した。新しい伊香保の名物になりそうな予感がする。

宿泊者は通常の和食のほか、レストランでの洋食も選べる。また入浴付きのランチプランや１泊朝食プランでの利用も可能だ。

■源泉名：伊香保温泉　西沢の湯1号・3号・4号の混合泉　■湧出量：測定せず（自然湧出）　■泉温：15.5℃　■泉質：温泉法第2条の「温泉」に該当（メタけい酸含有）　■効能：病後回復期、疲労回復、健康増進（ただし病後回復期については温泉療法医の指導に基づくこと）　■温泉の利用形態：加水あり、加温あり、循環ろ過式

伊香保温泉　遊山の里　とどろき

〒377-0102　群馬県渋川市伊香保町伊香保106
TEL.0279-72-2222　FAX.0279-72-5511
電車：JR上越線、渋川駅からバス（約20分）で「八千代坂下」下車。すぐ前。
車：関越自動車道、渋川伊香保ICより約20分。

■客室：84部屋　■収容人数：420人　■内風呂：男1・女1　■露天風呂：男1・女1　■サウナ：男1・女1　■貸切風呂：1　■宿泊料金：1泊2食 10,000円～（税別）　■日帰り入浴：可

2つの源泉を楽しめる湯遊び処と三波石風呂

◇伊香保温泉「HOTEL 天坊《てんぼう》」

「天坊」と言えば、ディナーショーを思い浮かべる人も多いのではないだろうか？

20年以上も前のことだが、当時私はタウン誌の編集者をしていて、天坊へは取材や営業で毎月のように通っていた。そんな付き合いもあり、年に数回開催される歌手やものまねタレントのディナーショーへ家族と出掛けるのが楽しみだった思い出がある。

久しぶりに訪れて、ちょっと驚かされた。ロビーの壁全面に映し出される180インチの大迫力のモニター。と思えば、ロボットの「ペッパー君」のお出迎え。あの頃小学生だった娘は、今や一児の母になっている。孫を連れてくれれば、さぞかし喜ぶに違いない。同じ宿ながら自分の今昔を重ね合わせ、感慨にふけってしまった。

創業は明治時代と伝わる。ロビーに展示されている120年前の伊香保の写真に、前身の「ふじのや旅館」が写っている。石段街の中程に立つ、わずか15部屋の小さな木造旅館。資料によれば、昭和9（1934）年頃の宿泊料金は1泊50銭〜壱、弐円で、50銭の客に出される丹前

は木綿、壱円以上の客には絹の銘仙だったというエピソードまで記されていた。昭和43（1968）年、当時は山林だった現在地へ移転。展望の良い土地だったことから「天坊」の名が付けられたようだ。

何はともあれ旅装を解いて、湯めぐりを楽しむことにした。1000坪の敷地に広がる湯遊び処「天晴（あっぱれ）」は、「黄《こ》金《がね》の湯」と「白《しろ》銀《がね》の湯」の2つの源泉を引き、いくつもの趣向を凝らした風呂が楽しめる。また時間で男女が入れ替わる名物の「大岩風呂」は、天然記念物の三《さん》波《ば》石《せき》を600トン使用した野趣にあふれる造りで圧巻！

どちらも「黄金の湯」は、かけ流しを存分に味わえる。

■源泉名：伊香保温泉　総合湯（混合泉）、西沢の湯1号・3号・4号の混合泉　■湧出量：4000ℓ／分（自然湧出）、測定せず（自然湧出）　■泉温：41.6℃、15.5℃　■泉質：カルシウム・ナトリウム－硫酸塩・炭酸水素塩・塩化物温泉、温泉法第2条の「温泉」に該当（メタけい酸含有）　■効能：神経痛、筋肉痛、関節痛、五十肩、動脈硬化症ほか。病後回復期、疲労回復、健康増進（ただし病後回復期については温泉療法医の指導に基づくこと）　■温泉の利用形態：加水なし、加温あり、完全放流式（白銀の湯は加水あり、循環ろ過式）

伊香保温泉　HOTEL　天坊

〒377-0195　群馬県渋川市伊香保町伊香保396-20

TEL.0279-72-3880　FAX.0279-72-4611

電車：JR上越線、渋川駅からバス（約20分）で「見晴下」下車。徒歩約5分。

車：関越自動車道、渋川伊香保ICより約20分。

■客室：183部屋　■収容人数：900人　■内風呂：男1・女1・入替1　■露天風呂：男1・女1・入替1　■サウナ：男1・女1・入替1　■足湯：1　■宿泊料金：1泊2食　11,000円～（税別）　■日帰り入浴：可

湯回廊

心のままに映ろう四季の景《いろ》と穏やかなる刻《とき》

伊香保温泉「如《じょ》心《しん》の里《さと》 ひびき野《の》」

〈榛名山の一角に、段また段を成して、羅馬時代の屋外劇場の如く、斜めに刻み附けられた栈敷型伊香保の街。屋根の上に屋根、部屋の上に部屋、すべてが温泉宿である。（以下略）〉

廊下の途中、階段の一段一段に文字が書かれていた。歌人、与謝野晶子の詩の一節である。伊香保の石段が再現された階段を、読み上げながら一歩一歩上がると、石段街の風情までもが漂ってくるようだ。

「〝如心《じょしん》〟と〝ひびき野〟という言葉に、私どもの思いすべてが込められています」と、雪が積もった中庭を眺めながら女将の養田博美さんは語る。「如心とは、そのままの飾らない心でおいでいただき、無の刻を過ごしていただきたいという思い。ひびき野は、声や音なくして心の様相が伝わり、感銘できる宿主でありたいという思いを込めて命名しました」。すべては、客人をおもんばかる気持ちを表している。

その思いは、湯にも表れている。内風呂は白銀《しろがね》の湯、露天風呂は黄金《こがね》の湯が注がれ、2種類の源泉を存分に浴《あ》むことができる。また「湯回廊」と名付けられた渡り廊下を抜けた先には、4つの貸切風呂があり、それぞれに「しじま」「ゆうづつ」「くんとう」「かぎろい」と粋な名が付いていた。言葉による癒やし効果にも〝如心〟のもてなしを感じるのである。

ひと湯浴びて、「山野草の小路」を通って夕食会場へ。なぜに山野草なのか？と問えば、「春になると1万5千坪の敷地に、四季折々の草花が咲き誇り、花めぐりが楽しめる」という。今は冬。これはこれで見事な雪景色ではあるが、季節を変えて、もう一度訪ねてみようと思う。

■源泉名：伊香保温泉　総合湯（混合泉）、西沢の湯1号・3号・4号の混合泉　■湧出量：4000ℓ／分（自然湧出）、測定せず（自然湧出）　■泉温：41.6℃、15.5℃　■泉質：カルシウム・ナトリウム－硫酸塩・炭酸水素塩・塩化物温泉、温泉法第2条の「温泉」に該当（メタけい酸含有）　■効能：神経痛、筋肉痛、関節痛、切り傷、やけど、冷え性、慢性皮膚病ほか。病後回復期、疲労回復、健康増進（ただし病後回復期については温泉療法医の指導に基づくこと）　■温泉の利用形態：加水なし、加温あり、完全放流式（内風呂は循環ろ過式）

伊香保温泉　如心の里　ひびき野

〒377-0102　群馬県渋川市伊香保町伊香保403-125
TEL.0279-72-7022　FAX.0279-72-7031
電車：JR上越線、渋川駅からバス（約20分）で「見晴下」下車。徒歩約5分。
車：関越自動車道、渋川伊香保ICより約20分。

■客室：62部屋　■収容人数：180人　■内風呂：男1・女1　■露天風呂：男1・女1　■サウナ：男1・女1　■貸切風呂：4　■宿泊料金：1泊2食　12,000円～（税別）　■日帰り入浴：可

無料貸切露天風呂が人気のウサギのお宿

◆伊香保温泉「お宿《やど》 かつほ」

誰が名付けたのか「ちろりん坂」。細くて長い坂道を下ると、宿らしからぬ一風変わった建物が現れた。駐車してあるマイクロバスには、ウサギの意匠が……。なぜにウサギ?といぶかしげにロビーへ入ると、「おおっ」と思わず声を上げてしまった。身の丈2mはある巨大なウサギの人形が出迎えてくれるではないか!

「先代の社長が卯年だったというだけなんですよ。でも、いつしか常連さんたちに親しまれて、今では"うさぎのお宿"で通っています」と2代目女将の鈴木恵美子さんが、済まなそうに微笑んだ。見渡せば、館内の至る所にウサギの置物が飾られていた。それと群馬県のマスコットキャラクター「ぐんまちゃん」グッズや「伊香保かるた」の絵札が、そこかしこにインテリアとして配されている。「伊香保といえば群馬、他県から来られたお客さまに群馬らしさを感じていただきたいから」。

昭和47(1972)年、国民宿舎として創業。それ以前は、先代の実家が伊香保で精肉を商っていたこともあり、当地で焼肉店を営んでいた。屋号は「勝保(かつやす)」。女将の父が、祖父と曾祖父の名前から一字ずつ付けたという。「どうしても"かつほ"って読まれてしまうのね。いっそのこと、呼びやすい名前にしちゃおうって」。気さくに笑う女将の人柄に惹《ひ》かれる常連客が多いのも納得である。

大浴場は寝しなに浴びることにして、まずは2つある宿泊者無料の貸切露天風呂へ。本館から屋外へ出て、渡り廊下のような回廊を渡る。外湯を訪れるような湯屋までのアプローチが楽しい。野趣に富んだ造りで、カップルだけでなく、お年寄りや子ども連れのファミリー層にも人気のようだ。

特筆すべきは、湯上がりに食した上州牛のすき焼きだろうか。さすが精肉店!という大きくて上質な肉が食卓を彩った。もちろん、ビールの杯が進んだことは言うまでもない。

■源泉名:伊香保温泉　西沢の湯1号・3号・4号　■湧出量:測定せず(自然湧出)　■泉温:15.5℃　■泉質:温泉法第2条の「温泉」に該当(メタけい酸含有)　■効能:病後回復期、疲労回復、健康増進(ただし病後回復期については温泉療法医の指導に基づくこと)　■温泉の利用形態:加水あり、加温あり、放流・循環併用式

伊香保温泉　お宿　かつほ

〒377-0102　群馬県渋川市伊香保町伊香保361-9
TEL.0279-72-2059　FAX.0279-72-4373
電車:JR上越線、渋川駅からバス(約20分)で「見晴下」下車。徒歩約10分。
車:関越自動車道、渋川伊香保ICより約20分。

■客室:14部屋　■収容人数:60人　■内風呂:男1・女1　■露天風呂:貸切2　■貸切風呂付部屋:1　■岩盤浴:貸切1　■宿泊料金:1泊2食8,800円～(税別)　■日帰り入浴:可(食事付きプランあり)

月うさぎ
ブルーベリー

浴室(男)

徳田屋

たどり着いた喜びに ホッと笑顔がこぼれる

◆伊香保温泉 「徳田屋旅館《とくだやりょかん》」

旅館は女将さんでもってている。つくづく、そう思うときがある。奇をてらうこともなく、ありのままの接客が痛く心にしみるのだ。

坂の途中に、形の良い松の木が一本。その脇で、ほのかに明かりを灯す「徳田屋」の文字。それだけで、たどり着いた喜びに旅装が解かれていく。わずか7室の小さな宿である。玄関の戸を開けると、昔ながらの旅館然とした懐かしい風景が出迎えてくれた。

「いらっしゃいませ〜！」。元気いっぱいの声と笑顔に、こちらも笑顔で応える。割ぽう着姿の女将、田中明子さんは伊香保生まれの伊香保育ち。ちゃきちゃきの”伊香保っ子“だ。

ロビーには、所狭しと手作りの品が飾られている。藤蔓《ふじづる》と和紙を組み合わせたランプシェイド、松ぼっくりできた人形、色鮮やかな吊るし雛《びな》……。女将の作品かと思えば、さにあらず。「すべて、お客さんからいただいたのよ。みなさん、自慢の品々を持ってきてくださるの」。聞けば、屋号の看板や名入り福ダルマまでもが、常連客からプレゼントされたものだという。

昭和51（1976）年の創業以来、脱サラで始めた主人と二人三脚で営んできた。「お客さんに支えられてきた40年ですよ」と、屈託のない笑顔を見せた。

2階の角部屋に通され、広縁でホッと一息。テーブルには、さり気なく置かれた青紫色のリンドウの一輪挿しが……。窓からは、赤城山から谷川岳まで上州の山々を一望することができる。ホッとするためだけに、毎月来る常連客もいるという。仕事や親の介護から介抱されるための、ささやかな自分へのご褒美《ほうび》らしい。ここには、そんな心のよりどころを感じる温かさがある。

■源泉名：伊香保温泉　西沢の湯1号・3号・4号の混合泉　■湧出量：測定せず（自然湧出）　■泉温：15.5℃　■泉質：温泉法第2条の「温泉」に該当（メタけい酸含有）　■効能：病後回復期、疲労回復、健康増進（ただし病後回復期については温泉療法医の指導に基づくこと）　■温泉の利用形態：加水なし、加温あり、循環ろ過式

伊香保温泉　徳田屋旅館

〒377-0102　群馬県渋川市伊香保町伊香保165-23
TEL.0279-72-3891　FAX.0279-72-3892
電車：JR上越線、渋川駅からバス（約20分）で「見晴下」下車。徒歩約5分。
車：関越自動車道、渋川伊香保ICより約20分。
■客室：7部屋　■収容人数：32人　■内風呂：男1・女1　■宿泊料金：1泊2食　6,000円〜（税別）

ファミリーからビジネスマンまで 人気の家族風呂

◆伊香保温泉「榮《えい》泉《せん》閣《かく》」

訪ねたのは11月中旬。週末ともなれば紅葉の名所「河《か》鹿《じか》橋《ばし》」周辺は、車の渋滞と観光客でごった返すというが、平日の午後である。錦に燃える水沢山（榛名山の外輪山）を愛でながら、ゆっくりと温泉街へ向かった。

鮮やかに色づいたモミジのアーチをくぐり、真っ赤な錦木に誘導されながら駐車場へ。車から降り立つと、薄桃色の小さな花をつけた一本の冬桜が出迎えてくれた。紅葉と桜が同時に楽しめるとは、粋な演出である。

「当館の”泉“に浸かると、お客さまが”榮“えるという言い伝えがあるんですよ」と、総支配人。玄関の入口には、茶色の生地に白く「榮」と染め抜かれた大きなタペストリーが掛かっている。フロント前には、和太鼓と親子の地蔵が鎮座していた。これは、めでたいに違いない。期待に胸が躍る。

浴室は内風呂に露天風呂が併設された男女別の大浴場、1階と2階に広さの異なる家族風呂がある。「2年前のリニューアルの際に、貸切風呂を増設しました。週末はカップルやファミリーに人気で、順番待ちになります」と笑う。人気の理由は、予約要らずの無料にあるようだ。

平日はビジネスマンが一人で利用するケースが増え、温泉を独り占めして、のんびりと疲れを癒やしているという。ビジネスプランは、素泊まり、朝食付き、夕食付き、2食付きの4パターンあり、出張のスケジュールに合わせて選べるのが受けているようだ。プラス温泉付きなのだから、前橋や高崎の街中での宿泊を考えれば、かなりリーズナブル、お得感がある。

とにもかくにも、まずは湯をいただくことにした。気持ちが良いほどに陽光が差し、澄んだ湯がサラサラと流れている。窓の外の紅葉と黄葉を眺めつつ、”泉“の恩恵に浴することにした。

■源泉名：伊香保温泉　西沢の湯1号・3号・4号の混合泉　■湧出量：測定せず（自然湧出）　■泉温：15.5℃　■泉質：温泉法第2条の「温泉」に該当（メタけい酸）　■効能：病後回復期、疲労回復、健康増進（ただし病後回復期については温泉療法医の指導に基づくこと）　■温泉の利用形態：加水あり、加温あり、放流・循環併用式

伊香保温泉　旅館　榮泉閣

〒377-0102　群馬県渋川市伊香保町伊香保166
TEL.0279-72-2710　FAX.0279-72-2211
電車：JR上越線、渋川駅からバス（約20分）で「見晴下」下車。徒歩約2分。
車：関越自動車道、渋川伊香保ICより約20分。

■客室：47部屋　■収容人数：250人　■内風呂：男1・女1　■露天風呂：男1・女1　■貸切風呂：2　■宿泊料金：1泊2食 9,000円～（税別） ビジネスプラン 素泊まり 4,000円～（税別）　■日帰り入浴：可

ご入浴時間
男

油屋旅館

愛する人への願いが叶う
"想い""想われ"の湯

◆伊香保温泉 「ホテルニュー伊《い》香《か》保《ほ》」

創業は江戸時代と古い。石段街のてっぺんに鎮座する伊香保神社前にあった「油屋」という温泉宿が始まりだという。時は流れ昭和になり、姉妹館の「紅葉」を併設。後に新館として「ホテルニュー伊香保」が開業した。

「石段街では駐車場の確保が難しかったのが、一番の移転理由だったようです。現在は、こちらのみで営業しています」と専務の福田尚仁さん。それでも江戸時代から続いてきた旅籠《はたご》の真心を残したいと、会社名は今でも「油屋」のままだ。

何はともあれ宿に着いたら、まずは一浴したい。そそくさと浴衣に着替え、大浴場へ。カラフルなタイル張りの壁と、御影石に囲まれた浴槽は清潔感があり、気持ちが良い。窓から注ぐ日の光を受けて、あふれ流れる湯がキラキラと光り輝いていた。「ん〜、極楽！」と全身を伸ばした時、湯舟の縁に奇妙な石があるのに気づいた。「あ、もしかしてこれが、噂の恋愛成就の石……」。

正式名を「くちづけ石」という、中国四川省に古くから伝わる伝説の石である。開館に当たり、くちづけ石保存会より分石が寄贈されたという由緒正しい名石だ。男風呂にあるのが「想いの石」（別名：くちづけの女石）、女風呂にあるのが「想われの石」（別名：くちづけの男石）。男女それぞれが思いの人の名を呼んで石に口づけをすると必ずその人への思いが通じ、愛し合い添い遂げることができるという。

「この歳で恋愛成就もないもんだ」と照れながらも、御利益を授かれるものならと、そっと石をなでてみた。

館内の着物部屋では、予約をすれば無料で浴衣レンタル・着付けサービスを受けられる。旅の記念にカップルや家族連れに好評。石段街までの送迎をしてくれる。

■源泉名：伊香保温泉　西沢の湯1号・3号・4号の混合泉　■湧出量：測定せず（自然湧出）　■泉温：15.5℃　■泉質：温泉法第2条の「温泉」に該当（メタけい酸含有）　■効能：病後回復期、疲労回復、健康増進（ただし病後回復期については温泉療法医の指導に基づくこと）　■温泉の利用形態：加水あり、加温あり、放流・循環併用式

伊香保温泉　油や物語　ホテルニュー伊香保

〒377-0102　群馬県渋川市伊香保町伊香保372-1
TEL.0279-72-3737　FAX.0279-72-3896
電車：JR上越線、渋川駅からバス（約20分）で「伊香保温泉」下車。宿泊送迎あり。
車：関越自動車道、渋川伊香保ICより約20分。
■客室：40部屋　■収容人数：150人　■内風呂：男1・女1　■露天風呂：男1・女1　■宿泊料金：1泊2食　9,000円～（税別）　■日帰り入浴：可※昼食付き休憩プランあり。

静寂の中で味わう四季を感じる旬の食材

◆伊香保温泉「割烹旅館《かっぽうりょかん》 春日楼《かすがろう》」

ここも伊香保なのだろうか？と一瞬戸惑うほどの静けさ。中心街の喧騒から離れているからだろう。聴こえるのは風と葉ずれの音、そして鳥のさえずりだけだ。伊香保温泉の一番南、あたかも一軒宿のようにポツンとたたずんでいる。

そのたたずまいからして他の旅館とは異なっていた。剪定された形の良い松やヒイラギの樹木に囲まれた門柱を入ると、日本庭園を眺めながら飛び石を渡る。「割烹旅館」の名に恥じない、品と趣《おもむき》を感じる。

創業は昭和55（1980）年。伊香保温泉の老舗旅館で料理長を務めた先代の片田勝紀さんが、「県産品を使った郷土料理を提供する本格的な割烹旅館を伊香保に」との思いから開業した。その厳選された四季を感じる旬の食材を使用した滋味あふれる料理の味と志は、今も弟子たちにより受け継がれている。

「これが下足番の熊二郎、あっちが調理見習いの熊五郎です」。古参従業員の一場ふみえさんが、満面の笑みで迎えてくれた。はく製のクマが2頭、前掛けを付けて愛嬌を振りまいている。「熊五郎は、創業時からいる私より古いスタッフです。でも、いまだに見習い中なんですよ」と言って声高に笑ってみせた。このアットホームな温かさが、リピーターの多さにつながっているのだろう。

夕げの膳には、現代の名工を受賞した料理長が腕を振るった見た目にも食をそそる鮮やかな品々が並んだ。風呂吹き大根の鶏みそ仕立ての碗物や豆乳のまんじゅう入り茶碗蒸し。2種類のみそに、にんにくやしょうが、唐がらしなどの薬味を練り合わせた特性だし汁で煮込んだ上州豚鍋など、手の込んだ味に箸が休まらない。自家製の大根を干しただけというシンプルな香の物があった。パリパリと小気味良い音を立てる素朴な味わいに、なんとも心を奪われた。

■源泉名：伊香保温泉　西沢の湯1号・3号・4号の混合泉　■湧出量：測定せず（自然湧出）　■泉温：15.5℃　■泉質：温泉法第2条の「温泉」に該当（メタけい酸）　■効能：病後回復期、疲労回復、健康増進（ただし病後回復期については温泉療法医の指導に基づく）　■温泉の利用形態：加水あり、加温あり、循環ろ過式

伊香保温泉　割烹旅館　春日楼

〒377-0102　群馬県渋川市伊香保町伊香保329-10
TEL.0279-72-4151　FAX.0279-72-3708
電車：JR上越線、渋川駅からバス（約20分）で「伊香保温泉」下車。宿泊送迎あり。
車：関越自動車道、渋川伊香保ICより約20分。

■客室：12部屋　■収容人数：45人　■内風呂：男1・女1
■宿泊料金：1泊2食 7,500円～（税別）※ペット（小型犬）の宿泊も可　■日帰り入浴：可（平日のみ）

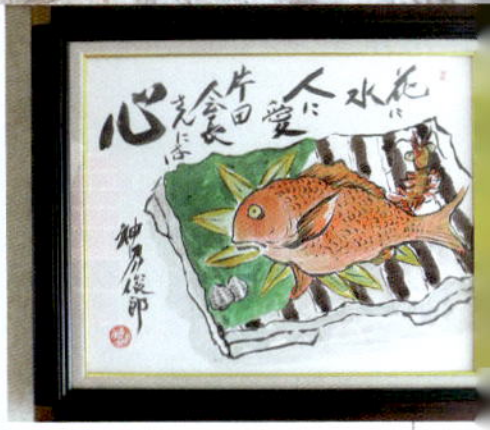

春日楼
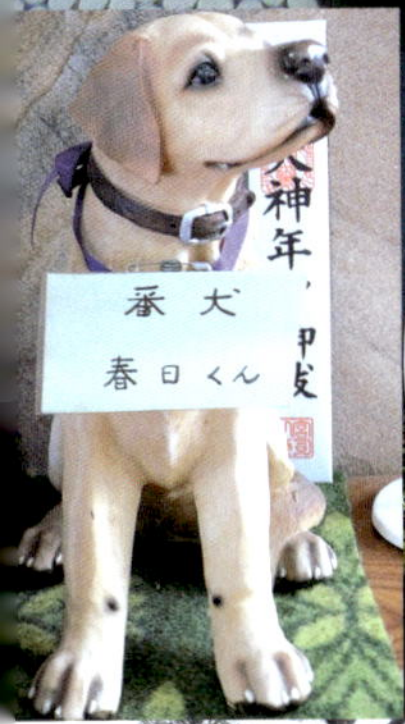
番犬
春日くん

大山

春日楼

流れる黄金の湯に歴史と文化が原点回帰する

◆伊香保温泉 「塚《つか》越《ごし》屋《や》七《しち》兵衛《べえ》」

温泉街を東西に横切る県道(通称、一文字通り)から、ゆるやかな坂道を下り出すと右手に広い駐車場を構える立派な建物が見えてくる。ひと昔前の伊香保を知っている人ならば、すぐに「ガーデン」という名前を思い浮かべることだろう。

創業は江戸末期の文久年間(1861〜64)。石段街の中心で「塚越旅館」として開業してから150年以上の歴史を持つ老舗宿である。昭和38(1963)年、現在地に新館「ホテル伊香保ガーデン」を建設。旧館を廃業した後は、本館として新たな歴史を刻んできた。平成16年、屋号を創業時の名前に戻し「塚越屋七兵衛」と改めた。

「原点回帰ですね。高度成長やバブル期のように宴会客がドッと押しかけて、石段街も見ずに帰っていくような時代は終わりました。お客さまも、また昔のように本来の湯の良さと伊香保の情緒を求めるようになりました」と6代目女将の塚越左知子さん。聞けば、日銀総裁や首相、蔵相を歴任した、かの高橋是清のひ孫だという。歴史のみならず、由緒ある家系でもあるのだ。それは凛《りん》とした着物姿での立ち振る舞いからも感じられる。

部屋で浴衣に着替えて、大浴

場へと向かった。引かれている源泉は、もちろん「黄《こ》金《がね》の湯」。黄褐色のにごり湯は、光の加減で深緑色にも見える。2段になった浴槽は上が「あつ湯」で、下が「ぬる湯」。源泉の注ぎ口が最上部にあり、自然流下によりかけ流されている理想的な構造だ。浴槽の縁から惜しみなくあふれ出る湯を見ていると、伊香保の歴史と文化が、しひしひと染みてくるのである。

■源泉名：伊香保温泉　総合湯（混合泉）　■湧出量：4000ℓ／分（自然湧出）　■泉温：41.6℃　■泉質：カルシウム・ナトリウム－硫酸塩・炭酸水素塩・塩化物温泉　■効能：神経痛、筋肉痛、関節痛、五十肩、切り傷、やけど、婦人病ほか　■温泉の利用形態：加水なし、加温あり、完全放流式

伊香保温泉　温泉宿　塚越屋七兵衛

〒377-0102　群馬県渋川市伊香保町伊香保175-1
TEL.0279-72-3311　FAX.0279-72-3315
電車：JR上越線、渋川駅からバス（約20分）で「伊香保温泉」下車。宿泊送迎あり。
車：関越自動車道、渋川伊香保ICより約20分。

■客室：46部屋　■収容人数：250人　■内風呂：男1・女1　■露天風呂：男1・女1　■サウナ：男1・女1　■宿泊料金：1泊2食 10,000円～（税別）　■日帰り入浴：可

NESPRESSO

旅館という非日常を手にする 比類なき匠の間

◆伊香保温泉「香雲館《こううんかん》」

思わず立ち止まり、見上げてしまった。高さ8mにもおよぶ城壁風の塀を持つ大門が、眼前に立ちはだかる。遠い日に見た中国の「万里の長城」を思い出したほどだった。かがり火が灯る階段を上り、ほのかに漂う香の匂いに誘われて進むと、まばゆい光に包まれたロビーに出た。吹き抜けホールの頭上に浮かぶ雲のオブジェ、足元には曼陀羅《まんだら》を描いた絨毯《じゅうたん》。そして中庭の池には縁を回した舞台を設《しつら》えている。まさに、ここは壺中《こちゅう》の天。日常から隔世した別世界である。

「日本の匠の技を一部屋では、まとめられなかったから」という客室は、京都御所や良寛の五合庵、ヴェルサイユ宮殿、金閣寺、銀閣寺など、洋の東西を問わず美しいとされる名建築を手本にしている。10の間すべてに書院が付き、ヒノキの内風呂と露天風呂が備えられている。花、鳥、風、月、漆、扇、御簾《みす》、松竹梅、そして貴賓室の金閣と銀閣の間。贅《ぜい》の限りを尽くした"旅館という非日常"の空間が広がっていた。

館内を歩いていて気づくのは、至る所にフクロウの絵や置物を見かけること。これは伊香保の語源がアイヌ語の「イカボップ(たぎる湯)」に由来する説があるため、アイヌの主護神であるフクロウが宿の象徴となったという。

特筆すべきは浴場の「あうるの湯」だろう。やはり、ここにもフクロウ(アウル)が描かれている。といっても誰にも見ることができないフクロウの絵だ。手すりが耳、湯口が目、湯舟が顔、シャワーブースがくちばしとなり、男風呂と女風呂とで左右対称の設計がされ、2つ合わせてフクロウの顔になる。ただ贅《ぜい》沢《たく》なのではなく、遊び心のある別天地である。

■源泉名:伊香保温泉　総合湯(混合泉)　■湧出量:4000ℓ／分(自然湧出)　■泉温:41.6℃　■泉質:カルシウム・ナトリウム－硫酸塩・炭酸水素塩・塩化物温泉　■効能:神経痛、筋肉痛、関節痛、切り傷、やけど、冷え性、慢性皮膚病ほか　■温泉の利用形態:加水なし、加温あり、完全放流式

伊香保温泉　塚越屋七兵衛別館　香雲館

〒377-0102　群馬県渋川市伊香保町伊香保175
TEL.0279-72-5501　FAX.0279-72-5505
電車:JR上越線、渋川駅からバス(約20分)で「伊香保温泉」下車。宿泊送迎あり。
車:関越自動車道、渋川伊香保ICより約20分。
■客室:10部屋　■収容人数:44人　■内風呂:男1・女1
※本館「塚越屋七兵衛」の風呂も入浴可　■宿泊料金:1泊2食　25,000円～(税別)

なごみの明かりが灯る 一番小さな隠れ宿

◆伊香保温泉「あかりの宿《やど》 おかべ」

温泉街を走る県道の雑踏を離れ、坂道を下りる。誰が名付けたのか「かみなり坂」。上州名物の雷の音が、ことのほか昔からここだけは大きかったという。はたして今でもそうなのだろうか？　五月晴れの青空の下、大きな旅館やホテルを横目に見ながら、だらだらと下った。

やがて、小さな古民家風の旅館の前で足が止まった。「あっ」と声をもらす。見覚えのある玄関。初めてなのに見覚えがあるとは、デジャヴュー（既視体験）なのか？

格子戸を開けると出迎えてくれた主人の岡部克己さんと女将の晃子《てるこ》さん夫妻。やはりデジャヴューではなかったのだ。以前、主人には会っている。それがどんな場だったかは忘れてしまったが、その時にいただいた名刺のデザインだけは鮮明に覚えている。格子窓のような扉が付いた二つ折りの凝った名刺だった。「確か、賞を取った名刺ですよね？」「よく覚えてくださいましたね。平成17年に群馬名刺コンテストで、最優秀賞をいただきました」。

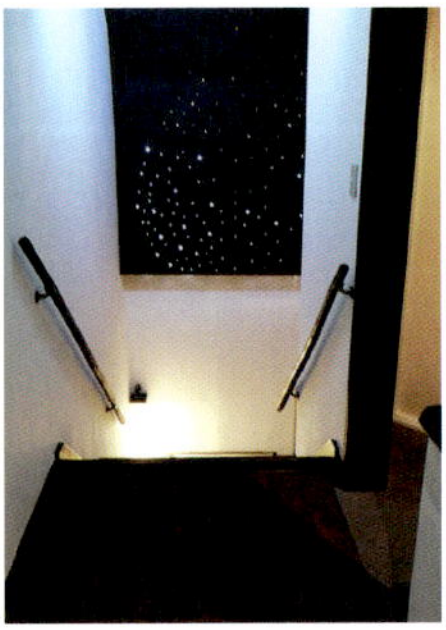

岡部さんは、ここで生まれ育った生粋の伊香保っ子だ。両親は魚屋を営んでいたという。「子どもの頃の伊香保は、今よりもっと賑やかでしたよ。夜は下駄の音で眠れないほど」と、眼鏡の中のやさしい瞳が微笑《ほほえ》みかける。「いつかは旅館をやってみたい」という夢を叶えるために一念発起。平成4年にサラリーマンを辞めて、居抜きの旅館で開業した。当時は7部屋あったが、さらに理想に近づけるため改装し、4部屋のみという伊香保で一番小さい旅館の誕生となった。

4室は、それぞれにコンセプトの異なる造り。この日、泊まったのは間接照明を上手く使った和洋室の「夕星（ゆうづつ）」。あと3回泊まらないと、「おかべ」の魅力は語れないということだ。

■源泉名：伊香保温泉　西沢の湯1号・3号・4号の混合泉　■湧出量：測定せず（自然湧出）　■泉温：15.5℃　■泉質：温泉法第2条の「温泉」に該当（メタけい酸含有）　■効能：病後回復期、疲労回復、健康増進。（ただし病後回復期については温泉療法医の指導に基づくこと）　■温泉の利用形態：加水なし、加温あり、循環ろ過式

伊香保温泉　あかりの宿　おかべ

〒377-0102　群馬県渋川市伊香保町伊香保373-8
TEL.0279-72-3353　FAX.0279-72-5773
電車：JR上越線、渋川駅からバス（約20分）で「伊香保温泉」下車。徒歩約10分。
車：関越自動車道、渋川伊香保ICより約20分。

■客室：4部屋　■収容人数：16人　■貸切風呂：2　■宿泊料金：1泊2食 15,000円～（税別）

焼酎ざんまい
魔王
三岳

おかべ

アイ・コンロ

旅館
明野屋
30

しゃぶしゃぶ
平左衛門

厳選された上州牛が味わえる伊香保の隠れ宿

◆伊香保温泉「明野屋《あけのや》」

屋根に鬼瓦を上げた古民家風の建物は、一見、旅館には見えない。そば屋か料亭？「明野屋」と看板は出ているが、伊香保では名の通った、しゃぶしゃぶの名店「平左衛門」でもあるのだ。

「どうぞ、こちらへ」と主人の安藤正昭さんに促され、店の入り口を抜けると、奥に旅館の玄関が見えた。廊下には焼き物の絵皿が、ズラリと並んでいる。なかでも目を引くのが「印判手《いんばんしゅ》」といわれる青い絵柄が鮮やかな陶器の数々。主人のコレクションだという。

「うちが旅館を始めた頃は、70軒くらいはあったけどね。今は50軒を割ってしまった。新規の開業では、うちが伊香保で最後の旅館になってしまった」とのこと。創業は昭和62（1987）年10月。東京のしゃぶしゃぶ店で修業し、伊香保の旅館に勤めた後、両方の経験を生かして店舗兼旅館のスタイルで営業を始めた。

家族だけで商っているため部屋数は8室と少ないが、そのぶん、アットホームなもてなしに定評がある。風呂にもこだわりがあり、露天は宿泊客がいる日は浴槽を清掃し、かけ流しの湯が堪能できる。浴槽からは、湧き水のように澄んだ湯が気持ちよく、あふれ流れていた。

湯上がりに、厳選された上州牛のしゃぶしゃぶをいただいた。さすがプロが選ぶ肉の味は、ひと味もふた味も違う。甘く溶けていく脂のうま味が、食べた後も口の中に広がり、いつまでも余韻が残っていた。この味を求めてやって来るファンは多く、「しゃぶしゃぶプラン」が人気。通常の旅館料理に飽きた向きには、おすすめである。

地元の版画家、野村たかあき氏の作品が店内と客間に飾られている。オープン以来、主人と親交を温めている作家だという。

■源泉名：伊香保温泉　西沢の湯1号・3号・4号の混合泉　■湧出量：測定せず（自然湧出）　■泉温：21.5℃　■泉質：温泉法第2条の「温泉」に該当（メタけい酸含有）　■効能：病後回復期、疲労回復、健康増進（ただし病後回復期については温泉療法医の指導に基づくこと）　■温泉の利用形態：加水なし、加温あり、完全放流式（内風呂は循環ろ過式）

伊香保温泉 明野屋 上州牛しゃぶしゃぶ平左衛門

〒377-0102　群馬県渋川市伊香保町伊香保199-6
TEL.0279-72-3578　FAX.0279-72-2083
電車：JR上越線、渋川駅からバス（約20分）で「伊香保温泉」下車。宿泊送迎あり。
車：関越自動車道、渋川伊香保ICより約20分。
■客室：8部屋　■収容人数：20人　■内風呂：男1・女1　■露天風呂：貸切1
■宿泊料金：1泊2食　13,000円～（税別）　素泊まり　4,500円～（税別）
※しゃぶしゃぶプランあり。

すだれ越しに和の風が通り抜ける貸切露天風呂

◆伊香保温泉「さくらい旅《りょ》館《かん》」

雷《らい》と空風《からっかぜ》 義理人情

「かみなり坂」を下るたび、『上毛かるた』の読み札を思い浮かべてしまう。群馬は雷の多いことで有名だが、中でも伊香保は県内で最初に避雷針が設置された場所だと聞いたことがある。真夏の昼下がり、そんなことを考えながら坂道を下った。やがて藍色に白く桔梗《ききょう》の家紋が染め抜かれた大きなタペストリーが掛かった玄関が見えてきた。

創業は昭和43（1968）年。伊香保の旅館で板前をしていた先代が、わずか6部屋の木造旅館を開業したのが始まりだった。「家業を継ぐ場合、別のホテルや旅館で修業をしてから入る人が多いでしょうが、私はすぐにでも父の仕事を手伝いたいと思い、大学卒業後に戻りました」と2代目主人の櫻井正さん。「大きな旅館やホテルのように人件費をかけられないから」と、フロント業務から仕入れ、部屋割り、ボイラーまでを自らがこなす。ただし、ネット予約の管理だけは「アナログ人間なもので」と、3代目となる娘さんに任せている。

榛名山の外輪山と伊香保の森を見渡す大浴場や展望露天風呂も良いが、私は貸切露天風呂「夢見の湯」が気に入った。障

子とガラス戸に囲まれた和の設《しつら》えは、部屋の中にいるようで、なんとも落ち着きがある。時折、すだれを通り抜けて流れ込む風の涼やかさが心地よくて、ついつい長湯をしてしまった。

未明、雷鳴の轟《とどろ》きに目を覚ました。寝る時は、星を仰ぐほどの晴天だったのに……。青い閃光が窓の外を走り抜ける。眼下は「かみなり坂」であることを思い出した。やはり土地の人の言う、雷様の通り道なのである。

■源泉名：伊香保温泉　西沢の湯1号・3号・4号の混合泉　■湧出量：測定せず（自然湧出）　■泉温：10.9℃　■泉質：温泉法第2条の「温泉」に該当（メタけい酸含有）　■効能：病後回復期、疲労回復、健康増進（ただし病後回復期については温泉療法医の指導に基づくこと）　■温泉の利用形態：加水あり、加温あり、循環ろ過式

伊香保温泉　さくらい旅館

〒377-0102
群馬県渋川市伊香保町伊香保210
TEL.0279-72-2575　FAX.0279-72-2509
電車：JR上越線、渋川駅からバス（約20分）で「伊香保温泉」下車。宿泊送迎あり。
車：関越自動車道、渋川伊香保ICより約20分。

■客室：31部屋　■収容人数：120人
■内風呂：男1・女1　■露天風呂：男1・女1
■貸切風呂：3　■宿泊料金：1泊2食13,000円～（税別）　■日帰り入浴：可（貸切風呂のみ）

【こらむ❷】*Column*

伊香保はじめて物語

温泉地のみやげの定番といえば、温泉まんじゅう。全国の温泉地で売られているが、そのほとんどが、あんこが茶色い皮に包まれている。なぜ皮が茶色いのか？　それは伊香保温泉が、温泉まんじゅうの発祥の地だからである。

明治43（1910）年創業の老舗菓子店「勝月堂」が、伊香保温泉の源泉「黄金《こがね》の湯」と同じ色のまんじゅうを作ったのがはじまりだといわれている。昭和初期に皇室への献上品に選ばれたことがきっかけで全国に知られるようになり、やがて多くの温泉地で同じような茶色い皮のまんじゅうが売られるようになった。ちなみに伊香保での正式名は「湯の花まんじゅう」という。

群馬県は夏に雷が多いことでも有名である。明治12（1879）年7月、明治天皇の御母君の英照皇太后が伊香保に避暑のために行啓された時も、毎日のように雷鳴がとどろき、従官の宿に落雷があった。いささか心配になり「避雷針を取り付けたい」という希望が出たが群馬県にはまだその例がなく、「行啓の期間だけでも借り受けたい」と内務省へ申し込みをしたところ、ようやく取り付けにこぎつけた。これが群馬県第一号となり、全国に避雷針が普及する先駆けとなった。

見晴台
八幡坂
八千代坂

上ノ山公園見晴台

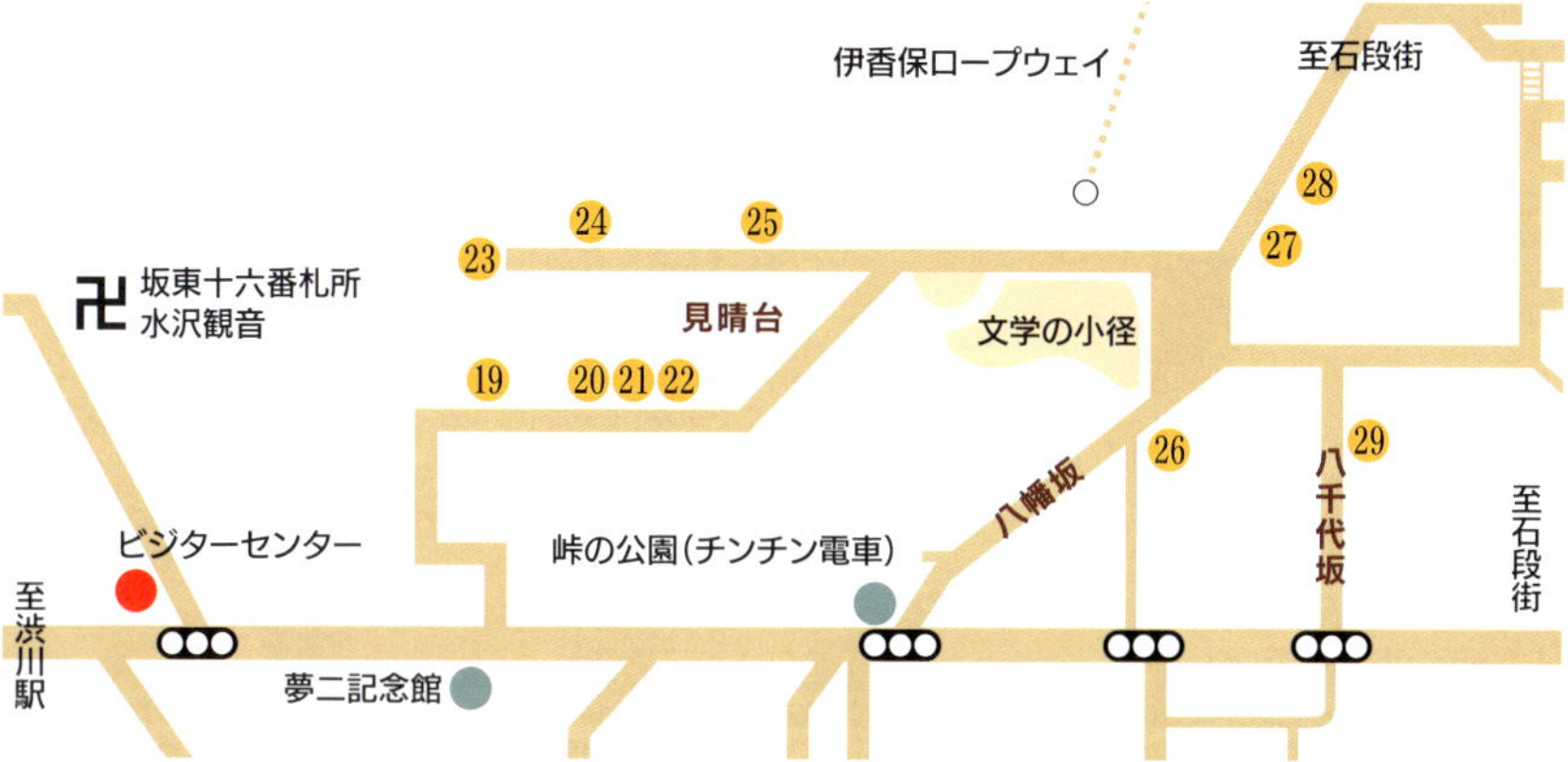

19 市川別館 晴観荘
20 ホテルいかほ銀水
21 山陽ホテル
22 一冨士ホテル
23 いかほ秀水園
24 よろこびの宿 しん喜
25 ホテルきむら
26 ホテル木暮
27 和心の宿 オーモリ
28 古久家
29 美松館

喧騒から離れた森の中の別天地

◆伊香保温泉

「市川《いちかわ》別館《べっかん》 晴観荘《せいかんそう》」

温泉街の中心を走る一文字通りから、伊香保ロープウエイへと続く坂道を上ると、左手に蒼々とした森が広がっている。ここから別天地へのエントランスが始まり、1万5000坪という広大な敷地の奥に、ひっそりと旅館がたたずんでいる。ここが伊香保温泉であることを忘れてしまいそうな静寂に包まれていた。

「オープン当時は、まわりに旅館はなく、まだ道路も整備されておらず、まさに〝森の中の一軒宿〟だったと聞いています」と、4代目女将の茶木万友美さん。実家である明治初期創業の市川旅館で生まれ育った。昭和32(1957)年、晴観荘は老舗旅館の別館として祖父が開業した。

浴室へは、ロビーのある西館から連絡通路を渡って東館へ。1階に男女別の大浴場があり、さらに露天風呂は階段で地下へ。脱衣場から玉砂利が敷かれた庭園の中の飛び石を渡り、あずま屋のかかる岩風呂へ。湯に浸かり見上げると、四方を緑の木々に囲まれている。改めて、深い森の中であることを実感する。

露天風呂の名は「水天宮の森」。宿の南側、標高900m付近から湧き出ている天然水は、古くから「水天宮の名水」と呼ばれ、水の神様として温泉とともに医療の神様としても広く人々

の信仰を集めていたという。特に子宝と安産のご利益があると伝わり、館内では、お茶やコーヒー、料理にもこの名水が使われている。

部屋に戻ると〝伊香保随一〟と称される大パノラマが、夕陽を映してオレンジ色に輝いていた。小野子山と子持山を正面に眺め、遠く県境の谷川連峰や日光連山まで見渡すことができる。

■源泉名：伊香保温泉　西沢の湯1号・2号・3号の混合泉　■湧出量：測定せず（自然湧出）　■泉温：15.5℃　■泉質：温泉法第2条の「温泉」に該当（メタけい酸含有）　■効能：美肌、病後回復期、疲労回復、健康増進（ただし病後回復期については温泉療法医の指導に基づくこと）　■温泉の利用形態：加水なし、加温あり、かけ流し循環ろ過式

伊香保温泉　市川別館　晴観荘

〒377-0102　群馬県渋川市伊香保町伊香保557
TEL.0279-72-2717　FAX.0279-72-5377
電車：JR上越線、渋川駅からバス（約20分）で「境沢」下車。徒歩約1分。
車：関越自動車道、渋川伊香保ICより約20分。

■客室：25部屋　■収容人数：100人　■内風呂：男1・女1　■露天風呂：男1・女1　■貸切風呂：1　■宿泊料金：1泊2食 10,000円～（税別）　■日帰り入浴：可

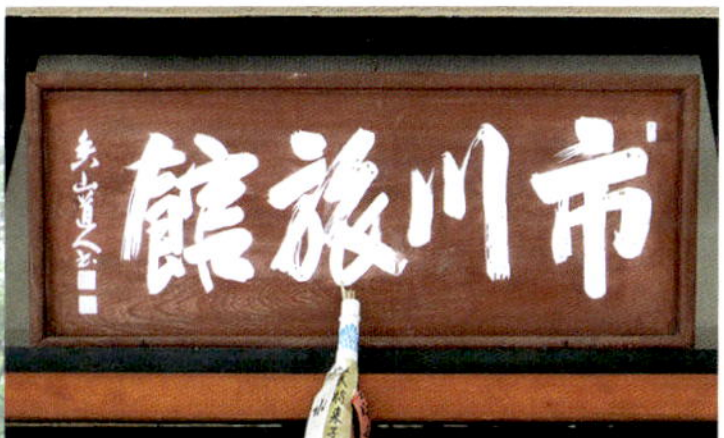

現在も石段街に居を構える市川旅館本館。旅館としての営業はしていないが、浴室には今も「黄金《こがね》の湯」が引かれている。希望すれば宿泊客は入浴することができる。

御殿のような総ヒノキ露天風呂と絶景朝食

◆伊香保温泉

「ホテルいかほ銀《ぎん》水《すい》」

駐車場に降り立つと、意外な光景が目に飛び込んできた。白いホテルの2階部分に、まるで神社仏閣を彷彿させる数寄屋造りの重厚な屋根と柱が張り出していたのである。これが噂で聞いていた"御殿のような露天風呂"に違いない。チェックインするや否や、湯屋へ直行。その日の一番風呂をいただいた。

「亡くなった義母が昭和40年代まで、石段街で物産店を営んでいたと聞いています。その店の名が『銀座屋』でした。それで銀水なんです」と2代目女将の清水紀子さん。平成元年に嫁いで来たが、すぐに主人を亡くし、

先代女将と二人三脚でバブル崩壊後の苦難を乗り越えてきた。総ヒノキの露天風呂も、「何かほかの旅館にはない名物を」という発案から宮大工を集めて造り上げた。

露天風呂は湯舟を広く取るために、浴室を男女に分けず、入替制にしている。また贅沢《ぜいたく》を独り占めしたい人のためには、貸し切りにもなる。かすかに漂うヒノキの香りと、肌に良く馴染む「白銀《しろがね》の湯」。大名か殿様になったような優雅な気分に浸れる。「余は満足じゃ～」そう叫びたくなる豪華さである。

湯上がりに廊下を歩くと、壁

一面に犬の写真が飾られていた。女将いわく「お客さんの車の中にワンちゃんが残されているのを見て、かわいそうになってね」。それからペットも泊まれる宿にしたという。壁の写真は、泊まったペットの記念写真だったのである。

一夜明け、朝食会場へ。5階の展望ラウンジからは、眼下に錦に染まった紅葉の森が、遠く上越の山々まで一望する大パノラマが広がっていた。納豆、シャケ、焼きのり、温泉玉子……に箸を運びつつ、朝の光の中で絶景を満喫した。

■源泉名：伊香保温泉　西沢の湯1号・2号・3号の混合泉
■湧出量：測定せず（自然湧出）　■泉温：10.7℃　■泉質：温泉法第2条の「温泉」に該当（メタけい酸含有）　■効能：病後回復期、疲労回復、健康増進（ただし病後回復期については温泉療法医の指導に基づくこと）　■温泉の利用形態：加水あり、加温あり、循環ろ過式

伊香保温泉　ホテルいかほ銀水

〒377-0102　群馬県渋川市伊香保町伊香保557-23
TEL.0279-72-3711　FAX.0279-72-5512
電車：JR上越線、渋川駅からバス（約20分）で「伊香保温泉」下車。徒歩約2分。
車：関越自動車道、渋川伊香保ICより約20分。

■客室：23部屋　■収容人数：100人　■内風呂：男1・女1　■露天風呂：1（男女入替制）※貸切可　■宿泊料金：1泊2食10,000円～（税別）　素泊まり　5,000円～（税別）※ペットの宿泊可　■日帰り入浴：可

ちりめん細工と手作り民芸品と女将の笑顔と

◆伊香保温泉「山陽《さんよう》ホテル」

玄関ロビーに入って、最初に目に付くのが広い売店だ。

"おかみ工房「ちくちくや」"とある。のぞき込めば、草木染の巾着や手編みのベストにポンチョ、コースター、ネックレス、ブローチ……。所狭しと並び、雑貨屋に入り込んだよう。

「お恥ずかしい。みんな私の趣味なんですよ。子どもに手がかからなくなった10数年前から、見よう見まねの独学で始めました」と2代目女将の小林順子さんは笑う。その玄人はだしの作品にはファンが多く、毎年作品を求めて泊まりに来る常連客もいるほどだ。

宿の創業は昭和39（1964）年。先代が「どんなことがあっても陽はまた昇る」という不屈の精神から"山陽"と名付けたという。伊香保に嫁いで30年、ますます女将の創作意欲は旺盛である。同館のパンフレットには『つどい多彩に』と題された、こんな詩が書かれていた。

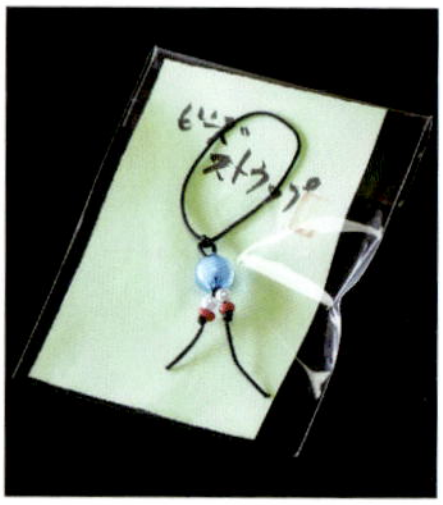

〈ひとときに会し　それぞれの想いを語る　ひとときだからこそ　より華やかに　より豊かに　会する人々に　ほほえみがこぼれ　愛があふれ　語り合う声が響き　そのにぎわいの中に　夢をかいま見る　順子〉

女将直筆の墨書である。「これも自己流」というが、書や絵もたしなみ、それらが作品となり、館内に彩りを添えている。

浴室へ向かう連絡通路にも女将のギャラリーがあり、「ちりめんつるし飾り」が展示されていた。こちらはタペストリーの大作ぞろい。「群馬は繭の産地でしょ。絹の布でちりめん細工を作ってみたの」。その多彩ぶりに、ただただ感心するばかり。

サラリと肌を流れる「白銀《しろがね》の湯」に浸かりながら、女将からいただいた直筆のカレンダーに書かれていた言葉を思い出した。

〈風が吹けば　葉がゆれる陽があたれば　心あたたまる〉

■源泉名：伊香保温泉　西沢の湯1号・2号・3号の混合泉　■湧出量：測定せず（自然湧出）　■泉温：10.9℃　■泉質：温泉法第2条の「温泉」に該当（メタけい酸含有）　■効能：病後回復期、疲労回復、健康増進（ただし病後回復期については温泉療法医の指導に基づくこと）　■温泉の利用形態：加水あり、加温あり、放流・循環併用式

伊香保温泉　山陽ホテル

〒377-0102
群馬県渋川市伊香保町伊香保557-13
TEL.0279-72-2733　FAX.0279-72-2579
電車：JR上越線、渋川駅からバス（約20分）で「バスターミナル」下車。徒歩約3分。
車：関越自動車道、渋川伊香保ICより約20分。

■客室：55部屋　■収容人数：260人　■内風呂：男1・女1　■露天風呂：男1・女1　■サウナ：男1・女1　■宿泊料金：1泊2食 8,000円～（税別）　■日帰り入浴：可

絶景の屋上大展望露天風呂と くつろぎの足湯

◆伊香保温泉「一《いち》冨《ふ》士《じ》ホテル」

玄関を入ろうとして、はたと足が止まった。観葉植物だと思って眺めていた花壇や鉢植え……。よくよく見ると、すべて野菜だった。サニーレタスにチンゲン菜、サツマイモが出迎えてくれた。

「驚かれましたか？　すべて若女将の趣味なんですよ」と2代目女将の野村時枝さん。聞けば、若女将自らが厨房《ちゅうぼう》に入り、料理の演出を指導し、地元の契約農家の畑から採ってきた有機栽培野菜を使った、こだわりの料理を提供しているという。

創業は昭和37（1962）年。スケートの貸し靴や物産の販売などの観光業を営んでいた先代が、新たに旅館業を始めた。時は高度成長期の真っただ中。「カラスの鳴かない日はあっても、一冨士にバスの入らない日はない」とまで言われたほど、団体客が押し寄せて大繁盛した。女将が嫁いできた40年代も、伊香保は好景気に躍っていた。「当時はロビーの半分が、みやげ物売り場でした。商品を並べるそ

ばから売れてしまって、補充するのが忙しかった」と笑う。時代も変わり、今は老夫婦や家族連れが都会の喧騒を離れ、ゆっくりとくつろぎにやって来るという。

宿の自慢は、かつて新聞で"伊香保一の眺め"と称された屋上の展望露天風呂。すそ野をのばす赤城山から子持山、小野子山の峰々を一望する噂どおりの絶景が広がった。

湯から上がってロビーに下りて行くと、女将が手に生ビールのジョッキを持って現れた。

「こちらで、いかがですか？　大人はビール、お子さんはかき氷が召し上がれますよ」と指さした先には、足湯が！　足湯に浸りながらビールとは、なんとも乙《おつ》である。もちろん、お相伴にあずかることにした。

■源泉名：伊香保温泉　西沢の湯1号・3号・4号の混合泉　■湧出量：測定せず（自然湧出）　■泉温：10.9℃　■泉質：温泉法第2条の「温泉」に該当（メタけい酸含有）　■効能：病後回復期、疲労回復、健康増進（ただし病後回復期については温泉療法医の指導に基づくこと）　■温泉の利用形態：加水なし、加温あり、循環ろ過式

伊香保温泉　一冨士ホテル

〒377-0102　群馬県渋川市伊香保町557-12
TEL.0279-72-2622　FAX.0279-72-5100
電車：JR上越線、渋川駅からバス（約20分）で「バスターミナル」下車。徒歩約1分。
車：関越自動車道、渋川伊香保ICより約20分。

■客室：30部屋（ペットルームあり）　■収容人数：200人
■内風呂：男1・女1　■露天風呂：男1・女1　■足湯：1
■宿泊料金：1泊2食 10,000円～（税別）　■日帰り入浴：可

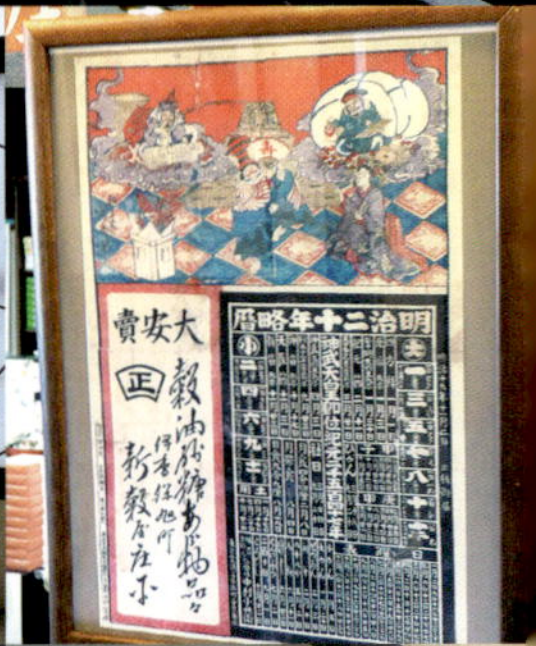
明治二十年略暦
大安賣

昔なつかしい
駄菓子屋

なつかしき思い出と福を招くタヌキに出会う

◆伊香保温泉「いかほ秀《しゅう》水《すい》園《えん》」

駐車場に着いた途端、大きな信楽《しがらき》焼きのタヌキの置物に出迎えられた。玄関にも1体、2体。ロビーにも……。そして、それぞれに「元気狸《だぬき》」「美人狸」「芸能狸」「子宝狸」と、ユニークな名前が付けられている。

「陶芸好きの父のコレクションなんです。これらは招福《しょうふく》狸といって、それぞれの願いを叶えてくれるらしいですよ」と笑う、3代目若女将の飯野由希子さん。それにしても、なんでタヌキなのだろうか？ 実は伊香保には、こんな伝説が残されている。

昔々、500年以上も前の室町時代のこと。茂林寺（群馬県館林市）を開山した正通和尚《おしょう》が榛名山のふもと（伊香保）を一人旅しているときに、小脇に茶釜を抱えた坊さんと出会い、寺へ連れて帰った。のちに彼は守鶴《しゅかく》和尚と呼ばれ、持っていた茶釜は福を分けることから「分福《ぶんぶく》茶釜」と言われるようになった。誰もが知っている有名な昔話の前世物語である。

創業は昭和39（1964）年。それ以前は石段街で「新穀屋」というみやげ物店を商っていた。ロビーには当時をしのび、提灯が並ぶ石畳の懐かしい風景を再現した売店がある。駄菓子コーナーもあり、レトロな演出に昔を思い出し、ついつい見入ってしまった。

部屋で浴衣に着替え、浴室へ。ここでもタヌキがお出迎え。「長寿狸」と書いてある。はたして、どのタヌキに願をかけようか？ 館内にある10体のタヌキを探して、すべての名前を答えると宿から素敵なプレゼントがあるらしい。湯上がりは、福を見つけにタヌキをめぐることにした。

■源泉名：伊香保温泉　西沢の湯1号・3号・4号の混合泉 ■湧出量：測定せず（自然湧出） ■泉温：15.5℃ ■泉質：温泉法第2条の「温泉」に該当（メタけい酸含有） ■効能：病後回復期、疲労回復、健康増進（ただし病後回復期については温泉療法医の指導に基づくこと） ■温泉の利用形態：加水あり、加温あり、循環ろ過式

伊香保温泉 なつかしき宿 いかほ秀水園

〒377-0102　群馬県渋川市伊香保町伊香保557

TEL.0279-72-3210　FAX.0279-72-3214

電車：JR上越線、渋川駅からバス（約20分）で「バスターミナル」下車。徒歩約3分。

車：関越自動車道、渋川伊香保ICより約20分。

■客室：28部屋 ■収容人数：130人 ■内風呂：男1・女1

■露天風呂：1（男女入替） ■サウナ：1（男女入替）

■宿泊料金：1泊2食　10,000円～（税別） ■日帰り入浴：可

湯上がりラウンジで極上のビールを飲む至福

◆伊香保温泉

「よろこびの宿《やど》しん喜《き》」

いつでも真っすぐな心で　大木のように天に向かって伸びていく　清らかで常に美しく汚れのない信じるこころ……

ロビーの売店入り口に飾られたオリジナル手ぬぐいに、同館の理念である「八つの〝しん〟」が染め抜かれていた。このあと「親交を深め」、「明るく賑やかに」、「新たにチャレンジ」、「もう一歩前進」と言葉は続く。

「『よろこびの宿』と名付けたのも、人生の節目である喜びの時を過ごしてほしいという願いが込められています」と3代目を継ぐ専務の青木伸行さん。昭和38（1963）年、「旅館長竹」として現在地より一段下の通りで創業。平成19年に移転し、リニューアルした。

「ご両親の喜寿や米寿、赤ちゃんの『お食い初《ぞ》め』など、家族の祝いの場として利用されるお客様が多いんですよ。3世代にわたり愛されることが、私どもの願いです」。この日もロビーの片隅に、さりげなく五月人形が飾られていた。

何はともあれ旅装を解いて、夕食の前に一浴したい。浴衣に着替えて、最上階6階の大浴場へ。標高約800mの展望風呂からの眺めは抜群で、掛け値なしの絶景を満喫することができた。さらに特筆すべきは、同階に併設されている「湯上がりラウンジ」の存在だ。夕暮れせまる上州の山並みを一望しながら、天空で飲む生ビールの美味しさは格別！ まさにビールと同じプレミアムなひと時を過ごした。

■源泉名：伊香保温泉　西沢の湯1号・3号・4号の混合泉　■湧出量：測定せず（自然湧出）　■泉温：21.5℃　■泉質：温泉法第2条の温泉に該当（メタけい酸含有）　■効能：病後回復期、疲労回復、健康増進（病後回復期については温泉療法医の指導に基づく）　■温泉の利用形態：加水あり、循環ろ過式

伊香保温泉　よろこびの宿　しん喜

〒377-0102　群馬県渋川市伊香保町伊香保557-34
TEL.0279-20-3255　TEL.0279-72-3877
電車：JR上越線、渋川駅からバス（約20分）で「バスターミナル」下車。徒歩約1分。
車：関越自動車道、渋川伊香保ICより約20分。

■客室：41部屋　■収容人数：226人　■内風呂：男1・女1　■露天風呂：男1・女1　■宿泊料金：1泊2食 12,000円～（税別）　■日帰り入浴：可

時の流れを物語る ケヤキ看板と名物「畳風呂」

◆伊香保温泉「ホテルきむら」

不如帰《ほととぎす》駅からロープウェーに乗って、標高976mの物《もの》聞《きき》山の山頂へ。わずか4分間の空中散歩だが、見晴駅に降り立つと、それまでは目にすることができなかった温泉街の全景が眼下に広がった。赤城山、上州武尊《ほたか》山《さん》、谷川岳などの名山を一望する壮大なパノラマを楽しんだ。

「伊香保ロープウエイ」から一番近い宿が「ホテルきむら」だ。駅から坂道を下り、玄関前に立ったとき、一枚の大きなモノクロ写真が目についた。伊香保の石段街に着物姿の女性たちが大勢写っている。そして、こんなキャプションが付いていた。〈歴史を感じるホテルきむらの前身「湯宿 木村利平 客室」の看板が写る昭和初期の伊香保石段風景〉。そしてフロントの壁には、時の流れを物語る当時の貴重なケヤキ彫りの看板が飾られていた。

「写真に写っているのは、富岡製糸場の女工さんたちです。昭和2年頃の写真だと思います」と3代目主人の木村幸久さん。宿の創業は明治の後期。祖父の木村利平氏が石段街で小さな湯治宿を開業した。昭和40(1965)年、観光バスが入れる現在の場所に移転し、屋号も「木村屋旅館」から改名した。

まずは湯を浴《あ》むことにした。名物の「畳風呂」は内風呂だけでなく、露天風呂まで青と紫の畳が市松模様に敷きつめられている。滑りにくいので小さい子どもやお年寄りにも評判が良いという。

湯は肌にやわらかい「白《しろ》銀《がね》の湯」。露天の樽風呂に身を沈めると、涼やかな風が頬をなでて、通り過ぎて行く。ヒグラシの声をBGMに、しばし高原の夏を惜しんでいた。

夏休み限定のマジックショー。宴会場で毎夜、プロのエンターテイメントショーが繰り広げられる。

■源泉名:伊香保温泉　西沢の湯1号・3号・4号の混合泉　■湧出量:測定せず(自然湧出)　■泉温:15.5℃　■泉質:温泉法第2条の「温泉」に該当(メタけい酸含有)　■効能:病後回復期、疲労回復、健康増進(ただし病後回復期については温泉療法医の指導に基づくこと)　■温泉の利用形態:加水あり、加温あり、循環ろ過式

伊香保温泉　出逢いの宿　ホテルきむら

〒377-0102　群馬県渋川市伊香保町伊香保557-32
TEL.0279-72-3333　FAX.0279-72-5532
電車:JR上越線、渋川駅からバス(約20分)で「バスターミナル」下車。徒歩約1分。
車:関越自動車道、渋川伊香保ICより約20分。

■客室:62部屋　■収容人数:350人　■内風呂:男1・女1　■露天風呂:男1・女1　■サウナ:男1・女1　■貸切風呂:3　■宿泊料金:1泊2食10,000円～(税別)

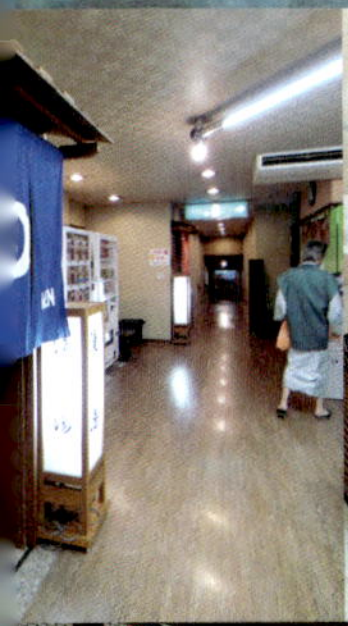

出逢いの宿
ホテルきむ
時の流れを物語る貴重な 欅彫り看板は
フロントの壁面に現物が飾って
有ります。どうぞご覧下さい。 館主
内湯 木村屋
木村屋利平

創業四〇〇有余年、伊香保の歴史を語る「子の湯」

◆伊香保温泉「ホテル木暮《こぐれ》」

伊香保の歴史は、そのまま”木暮“の歴史と言っても決して過言ではない。それが「一番湯の宿」と呼ばれるゆえんである。

武田勝頼が長篠の戦いに敗れ、多数の負傷した兵士たちの診療所として整備されたのが、現在の石段街の始まりだった。この時、母が上州箕輪城主長野業政の娘であったことから初代木暮武太夫が、武田氏より伊香保の湯の権利と伊香保の支配を任された。天正4(1576)年のことである。

当時伊香保では12軒の大家(湯の権利を持つ家)があり、木暮はこの筆頭の家ということで十二支にならい「子《ね》の湯」の屋号が与えられ、400年以上経った現在でも歴史ある「黄金《こがね》の湯」を守り継いでいる。歴代主は木暮武太夫の名を襲名し、現主人で27代目。第25代は池田勇人内閣にて運輸大臣を務め、第26代は全国の温泉協会の会長を務めた。また昭和56(1981)年の群馬行幸の時には昭和天皇が宿泊され、その後皇太子(現在の天皇陛下)も来館されている。

大浴場「子の湯千両」の敷地面積は1300坪あり、北関東最大級! 男女別の「千楽」と「千遊」があり、座り湯

や立ち湯、展望風呂、露天風呂など20種類の湯めぐりを楽しむことができる。

　湯はもちろん、茶褐色ににごる「黄金の湯」が源泉かけ流し。なぜに、これほどまでの巨大な浴槽を造れたのかといえば、それは大家筆頭の宿であるからに他ならない。総湧出量の約４分の１強という１０００～１１００リットルの湯が引き込まれている。まさに千両風呂である。

　湯上がりにラウンジ「千客万来」で飲んだ生ビールの美味しかったこと。滝の流れる庭園を眺めながら、至福の時を過ごした。

■源泉名：伊香保温泉　総合湯（混合泉）　■湧出量：4000ℓ／分（自然湧出）　■泉温：41.6℃　■泉質：カルシウム・ナトリウム－硫酸塩・炭酸水素塩・塩化物温泉　■効能：神経痛、筋肉痛、関節痛、五十肩、切り傷、やけど、動脈硬化症、高血圧ほか　■温泉の利用形態：加水なし、季節により加温あり、完全放流式

伊香保温泉　一番湯の宿　ホテル木暮

〒377-0102　群馬県渋川市伊香保町伊香保135
TEL.0279-72-2701　FAX.0279-72-2708
電車：JR上越線、渋川駅からバス（約20分）で「伊香保温泉」下車。徒歩約5分。
車：関越自動車道、渋川伊香保ICより約20分。
■客室：112部屋　■収容人数：550人　■内風呂：男1・女1　■露天風呂：男1・女1　■サウナ：男1・女1　■貸切風呂：3　■足湯：1　■岩盤浴：男1・女1　■宿泊料金：1泊2食　19,000円～（税別）

八幡坂地区 27

素足の心地よさに旅装が解かれるくつろぎの宿

◆伊香保温泉

「和《なご》心《ごころ》の宿《やど》 オーモリ」

玄関の軒下に、ずらりと吊るされた鉢植えに目が止まった。その下で風鈴が涼やかな音色を奏でている。この時季、温泉街では夏の風物詩、ホオズキが通りを彩る。赤い実も可愛いが、白くて小さい可憐な花に、しばし見惚れていた。

「お久しぶりです。お待ちしていました」と着物姿で出迎えてくれたのは、3代目女将の大森典子さん。以前にも何度か訪れたことがあるのだが、最後に取材でお会いしたのは4年も前のこと。不義理を詫び、とりあえず部屋で旅装を解くことにした。玄関から部屋まで、すべて廊下には畳が敷かれている。素足で館内を歩き回れる心地よさは、それだけで我が家にいるような解放感がある。「高級な宿ではないけれど、そのぶん親しみやすく、温かなもてなしを心がけている」という宿名どおりの"和心"を感じるのである。

宿の創業は大正8(1919)年。主人の隆博さんの祖父が大森旅館として開業した。それ以前は人力車や馬車による運輸

業や、御用邸が近かったこともあり馬の預かり所も営んでいたという。ところが明治43（1910）に渋川と伊香保を結ぶ「伊香保電気軌道」が開通。これにより職業替えを余儀なくされた。その後、昭和の時代にはホテルニューオーモリ、ホテルオーモリと改名したこともあったが、平成11年に「和心の宿」としてリニューアルした。その時に誕生したのが屋上庭園露天風呂の「ほの香」だった。

　標高700mの湯舟からは万葉の昔から詩歌《うた》に詠われた華麗な小野子山が迫り、その後方には谷川岳や上州武尊《ほたか》山《さん》など名峰を望むことができる。何よりも嬉しいのは、青竹に入った地酒をいただけること。まずは露天で一杯！

　のん兵衛には、たまらない。

■源泉名：伊香保温泉　西沢の湯1号・2号・3号の混合泉
■湧出量：110ℓ／分（自然湧出）　■泉温：10.7℃
■泉質：温泉法第2条の「温泉」に該当（メタけい酸含有）
■効能：病後回復期、疲労回復、健康増進（ただし病後回復期については温泉療法医の指導に基づくこと）
■温泉の利用形態：加水あり、加温あり、放流・循環併用式

伊香保温泉　和心の宿　オーモリ

〒377-0102　群馬県渋川市伊香保町伊香保58
TEL.0279-72-2611　FAX.0279-72-2651
電車：JR上越線、上越線、渋川駅からバス（約20分）で「伊香保温泉」下車。すぐ前。
車：関越自動車道、渋川伊香保ICより約20分。

■客室：37部屋　■収容人数：157人　■内風呂：男1・女1
■露天風呂：男1・女1　■貸切風呂：1　■宿泊料金：1泊2食12,000円～（税別）　■日帰り入浴：可（休日あり）

良質で豊かな温泉を愉しむ"物見湯山"の宿

◆伊香保温泉「古久家《こくや》」

玄関の前で、屹立とそびえる樹齢400年を超える大ケヤキ。神々しいまでの存在感で、客人を迎えてくれる。館内に入るとロビーには、巨大な「つるし飾り」が息をのむ彩りを放っている。伊香保には、富岡製糸場の時代から古い絹が残されていて、今でも、ちりめん細工が盛んなのだという。同館では、大ケヤキもつるし飾りも福寿のシンボルとして大切にされている。この前で記念撮影をする客も少なくない。

館主の森田家は、代々伊香保町で町長や郵便局長を務めた名士である。宿の創業は明治45（1912）年。それ以前は、旅館相手に布団や浴衣などの貸し出し業を営んでいたという。仕出し料理の製造をしていたこともあり、伊香保でいち早く料理部を作り、客人をもてなしていた。現館主の繁氏で4代目になる。

現在、東の雅館と西の雅館があり、平成18年に東の雅館の3階フロアに源泉かけ流し露天風呂付き客室を持つ「湯山亭」がオープンした。"湯山"とは、竹久夢二や徳富蘆花など多く

■源泉名：伊香保温泉　総合湯（混合泉）　■湧出量：4000ℓ／分（自然湧出）　■泉温：41.6℃　■泉質：カルシウム・ナトリウム－硫酸塩・炭酸水素塩・塩化物温泉　■効能：神経痛、筋肉痛、関節痛、五十肩、冷え性、切り傷、動脈硬化症、慢性皮膚病ほか　■温泉の利用形態：加水なし、加温なし、完全放流式

の文化人が風光明媚な伊香保に「物見遊山」に訪れていたことにちなみ、良質で豊かな温泉を愉しむことを「物見湯山」と捉え、名付けられた。

　そして流れる湯は、もちろん伊香保を代表する「黄金《こがね》の湯」。思う存分に〝物見湯山〟を満喫した。

　特筆すべきは、湯上がりにいただいた料理の絶妙なタイミングでの品出しだろうか。煮物、焼き物、揚げ物など温かいものが温かく、旬の味をそのままに、目でも舌でも楽しむことができた。もちろん、そのぶん酒がはかどったことは言うまでもない。

伊香保温泉　心に咲く花　古久家

〒377-0102　群馬県渋川市伊香保町伊香保52
TEL.0279-72-3322　FAX.0279-72-2218
電車：JR上越線、渋川駅からバス（約20分）で「伊香保温泉」下車。徒歩約1分。
車：関越自動車道、渋川伊香保ICより約20分。

■客室：40部屋　■収容人数：200人　■内風呂：男1・女1　■露天風呂：1（男女入替制）　■貸切風呂：1（女性時間あり）　■宿泊料金：1泊2食 15,000円～（税別）　■日帰り入浴：可

赤ちゃんやお年寄りにやさしい 温もりと安心

◆伊香保温泉 「美松館《みまつかん》」

伊香保は坂の多い町である。石段街をはじめ、歴史と風情ある坂道を、そぞろ歩くのも楽しみの一つだろう。その中で約23度という最大傾斜角度を誇る「八千代坂」。地元では通称「リンダ坂」と呼ばれている。そのココロは『どうにも止まらない』。若い人には分からないかもしれないが、歌手、山本リンダのヒット曲になぞらえている。

「初めてのお客さまは、大変驚かれますね。でも逆に一度来たら忘れない。『あの急坂の宿ね』って」と、2代目主人の高橋秀樹さんは笑う。子どもの頃は雪が降ると、この坂でソリ遊びをするのが楽しみだったという。

昭和28（1953）年、先代の両親が飲食店から旅館に転業。同58年に現在の新館にリニューアルした。「昔は団体客や宴会客がメインでしたが、今はファミリー層がほとんどです」と言う女将の睦さんの発案で始めた「赤ちゃんプラン」や「マタニティプラン」が人気を呼んでいる。哺乳瓶洗い用の洗剤やスポンジ、パジャマなどの貸し出し。貸切風呂の無料サービスなどを行っている。

そんな気配りを浴室でも感じた。大浴場の「坐庵《ざあん》」は、床全面が畳敷き。表面を特殊加工した琉球畳が敷きつめられている。足元がやわらかく温かいだけではなく、滑りにくいのが特徴で、小さい子どもやお年寄りにも安心して利用できるのがいい。

若い女性には岩盤浴が評判とのことだが、まずは坂の上の宿ならではの眺望を楽しみに、最上階の展望露天風呂「浮雲《うきぐも》」へ。ヒノキの湯舟に身を横たえながら、文字通り遠く峰々へ消えて行く雲の流れを目で追っていた。

■源泉名：伊香保温泉　西沢の湯1号・3号・4号の混合泉　■湧出量：測定せず（自然湧出）　■泉温：15.5℃　■泉質：温泉法第2条の「温泉」に該当（メタけい酸含有）　■効能：病後回復期、疲労回復、健康増進（ただし病後回復期については温泉療法医の指導に基づくこと）　■温泉の利用形態：加水あり、加温あり、循環ろ過式

伊香保温泉 温もりとおもてなしの宿 美松館

〒377-0102　群馬県渋川市伊香保町伊香保131
TEL.0279-72-2655　FAX.0279-72-3611
電車：JR上越線、渋川駅からバス（約20分）で「バスターミナル」下車。徒歩約2分。
車：関越自動車道、渋川伊香保ICより約20分。
■客室：23部屋　■収容人数：120人　■内風呂：男1・女1　■露天風呂：男1・女1（貸切可）　■岩盤浴：1　■宿泊料金：1泊2食　12,000円～（税別）　■日帰り入浴：可

【こらむ❸】*Column*

伊香保を愛した文人たち

伊香保を訪れた文人は数多いが、なんといっても伊香保との関わりの深さでは徳冨蘆花《とくとみろか》が筆頭に挙げられる。伊香保を舞台とした名作『不如帰《ほととぎす》』を発表し、全国にその名を高めた。また明治〜大正時代の青年が一度は読んだと言われる『自然と人生』の中に伊香保の印象をつづり、その文章とともに伊香保の名を一層知らしめた。そして最期は伊香保を愛するがゆえ、本人の希望により重態を押して伊香保に転地し、その生涯を閉じた。

昭和２（１９２７）年９月18日のことである。享年60歳であった。

画家の竹久夢二も伊香保を愛した人である。大正から昭和初年にかけて伊香保を訪れ、多くの作品を残した。榛名湖畔にアトリエを建設する計画があり、夢の実現のための欧米旅行中に病に侵され、帰国後、結核の治療にあたったが再起はできず、昭和９（１９３４）年９月に54歳の若さで、この世を去った。

そのほかにも夏目漱石、芥川龍之介、島崎藤村、与謝野晶子、斉藤茂吉、田山花袋、若山牧水、萩原朔太郎など、多くの文人たちが伊香保を訪れ清遊している。

石段街
湯元通り

30 お宿 玉樹
31 千明仁泉亭
32 森秋旅館
33 石坂旅館
34 青山旅館
35 丸本館
36 岸権旅館
37 金太夫
38 横手館
39 凌雲閣
40 大江戸温泉物語 伊香保
41 福一
42 旅邸 諧暢楼
43 景風流の宿 かのうや
44 橋本ホテル

いつの日も変わらぬ 情緒と季節が香る和の宿

◆伊香保温泉「お宿《やど》 玉樹《たまき》」

伊香保温泉のシンボルといえば「石段街」。その365段続く長い石段が始まる広場を見下ろす、最初の宿が「玉樹」である。昭和29（1954）年の創業以来、石段街の移り変わりを見てきた。

「当館も何度かの改築をし、時代に合わせてリニューアルをしてきました。それでも変わらないものがあります。それは玉樹が長年愛されてきた〝情緒（こころ）〟です」と3代目主人の関口征治さん。経営理念である『不易流行』の基、先代から引き継いだ歴史と情緒を守り続けている。しかし、時代の中で変わるものもあると言う。「それは期待を超えたもてなしですよ」と、目を細めて微笑んだ。

玄関を入ると、ほのかに香る青畳の香り。平成3年に全館を畳廊下にした。当時、伊香保ではもちろん、全国でも畳廊下の宿は珍しく話題となった。目の前に広がる日本庭園を渡る風が、一服の清涼を届けてくれる。鳥のさえずり、風鈴の音色……ラウンジでのひと時もまた和の風情に包まれ、いつしか旅装が解かれていく。

浴室は男女とも「黄金《こがね》の湯」と

「白銀《しろがね》の湯」の両方の源泉を味わえる。「玉伊吹《たまいぶき》の湯」は内風呂が白銀で、露天が黄金。「榛栗《はしばみ》の湯」は、その逆。露天風呂からは遠く谷川連峰や武尊《ほたか》連山など上州の名山を眺め、石段広場の賑わいを見下ろす。夕涼みのできる外廊下は、風の通り道。景色を堪能しつつ、しばし湯上がりの火照《ほて》った肌を冷ましていた。

創業時の面影を残すレトロな貸切岩風呂「小春日和」

■源泉名：伊香保温泉　総合湯（混合泉）、西沢の湯1号・3号・4号の混合泉　■湧出量：4000ℓ／分（自然湧出）、測定せず（自然湧出）　■泉温：41.6℃、15.5℃　■泉質：カルシウム・ナトリウム－硫酸塩・炭酸水素塩・塩化物温泉、温泉法第２条の「温泉」に該当（メタけい酸含有）　■効能：神経痛、関節痛、筋肉痛、五十肩、運動まひ、関節のこわばり、慢性消化器病ほか　病後回復期、疲労回復、健康増進（ただし病後回復期については温泉療法医の指導に基づくこと）　■温泉の利用形態：加水なし、加温あり、完全放流式（白銀の湯は循環ろ過式）

伊香保温泉　お宿 玉樹

〒377-0102　群馬県渋川市伊香保町伊香保87-2
TEL.0279-72-2232　FAX.0279-72-5368
電車：JR上越線、渋川駅からバス（約20分）で「伊香保石段下」下車。徒歩約1分。
車：関越自動車道、渋川伊香保ICより約20分。

■客室：26部屋　■収容人数：140人　■内風呂：男1・女1　■露天風呂：男2・女2　■貸切風呂：1　■サウナ：2　■岩盤浴：1　■宿泊料金：1泊2食　16,000円～（税別）　■日帰り入浴：可（昼食付き日帰りプランあり）

創業515年、文豪に愛された歴史と伝統の宿

伊香保温泉「千《ち》明《ぎら》仁《じん》泉《せん》亭《てい》」

〈上州伊香保千明《ちぎら》の三階の障子開きて、夕景色を眺むる婦人。年は十八九。品好き丸髷《まげ》に結いて、草色の紐つけし小紋《こもん》縮緬《ちりめん》の被布《ひふ》を着たり。〉

文豪・徳冨蘆花《とくとみろか》は、明治31（1898）年に初めて伊香保温泉に滞在し、国民新聞に小説「不如帰《ほととぎす》」の連載を始めた。冒頭の文章でも分かるように、それ以来、蘆花は千明仁泉亭を常宿としていた。

「昭和2（1927）年に亡くなるまで、うちには11回泊まられたと聞いています」と22代目女将の千明佳寿子さん。臨終でさえ、蘆花のたっての希望により千明仁泉亭で迎えている。享年60歳。多くの著名人が来湯しているが、伊香保を最も愛した文人であろう。

創業は文亀2（1502）年と伝わる。この年号は連歌師の宗祇《そうぎ》が中風の治療のために投宿したという文献によるもので、「実際には、それ以前から営業はしていたということです」と女将は笑った。いずれにせよ、伊香保で一番歴史の古い宿であることには違いない。

歴史が古いということは、湯

の権利も多く持っているということだ。聞けば、総湯量の3分の1が配湯されているという。よって、館内のすべての浴槽が完全かけ流しである。名湯「黄《こ》金《がね》の湯」源泉が惜しみなく、ザバザバとあふれ流れ出しているさまは、圧巻としか言いようがない。

なかでも極めつけは大浴場の「仁乃湯《めぐみのゆ》」。県内でも珍しい深さ1mという"立ち湯"が味わえる。7m×3mという湯舟のサイズは、風呂というよりプールのよう。湯量があってこそスケールである。誰もいないときに、つい、泳ぎたくなる広さである。

■源泉名:伊香保温泉　総合湯(混合泉)　■湧出量:4000ℓ／分(自然湧出)　■泉温:41.6℃　■泉質:カルシウム・ナトリウム−硫酸塩・炭酸水素塩・塩化物温泉　■効能:神経痛、筋肉痛、関節痛、動脈硬化症、切り傷、やけど、慢性皮膚病ほか　■温泉の利用形態:加水なし、加温なし(貸切風呂は季節により加温あり)、完全放流式

伊香保温泉　千明仁泉亭

〒377-0102　群馬県渋川市伊香保町伊香保45
TEL.0279-72-3355　FAX.0279-72-3359
電車:JR上越線、渋川駅からバス(約20分)で「伊香保石段下」下車。徒歩約5分。
車:関越自動車道、渋川伊香保ICより約20分。

■客室:34部屋　■収容人数:150人　■内風呂:男2・女2　■露天風呂:男1・女1　■貸切風呂:4　■サウナ:男1・女1　■宿泊料金:1泊2食 16,000円〜(税別)

なつかしい童謡が流れる雨情ゆかりの老舗宿

◆伊香保温泉「森《もり》秋《あき》旅《りょ》館《かん》」

♪青い目をしたお人形は
アメリカ生まれの
セルロイド♪

ロビーのソファーに腰掛けた時から、なんともなつかしいメロディーが流れていた。「青い目の人形」「七つの子」「しゃぼん玉」「雨降りお月さん」「赤い靴」……。誰もが一度は幼い頃に口ずさんだことのある童謡だ。アイスコーヒーの氷の音とともに、ゆっくりと旅装が解かれてゆく。

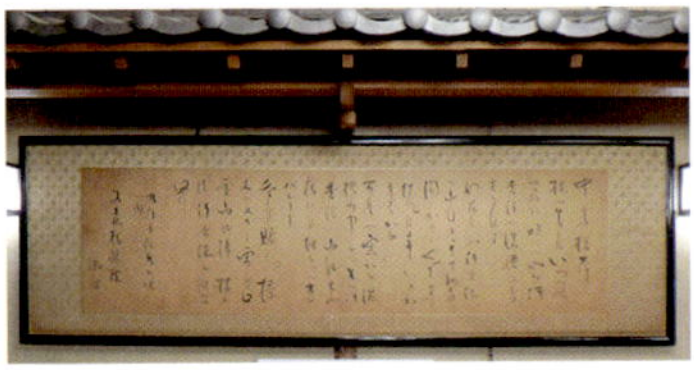

「雨情は昭和の初期に滞在して、当館のためにこの唄を作られました」と8代目女将の森田由江さんが指さす先には、セピア色の紙に歌詞が書かれた大きな額が飾られていた。

〈中子稲荷の桜の花は　いつの夜の間に咲くのやら　伊香保の湯槽に香をこぼす〉

昭和3(1928)年、詩人の野口雨情は群馬県の依頼で「上州小唄」作詞のために伊香保を訪れ、森秋旅館に滞在した。ところが、なかなか仕事がはかどらず、だいぶ難儀をしたらしい。同14年、雨情はふたたび同館を訪れ、「その節は大変迷惑をかけたから」と、この『伊香保新小

唄』の直筆を残していったという。今となってはかなりのお宝で、ファンのみならず、誰もが足を止め見入っている。

　創業は明治元年。150年の歴史を刻む伊香保屈指の老舗宿である。ということは、もちろん源泉は伝統の「黄金《こがね》の湯」が引かれている。内風呂にも露天風呂にも茶褐色の湯が、贅沢《ぜいたく》なほどにかけ流されていた。源泉の注ぐ「湯口《ゆぐち》」が奥、湯があふれ出る「湯尻《ゆじり》」が手前という理想的な浴槽の構造にも、老舗ならではの風格と威厳を感じるのである。

　湯上がりに廊下を歩いていると、また、なつかしい調べが流れてきた。

♪あのまち　このまち
　日が暮れる♪

■源泉名：伊香保温泉　総合湯（混合湯）　■湧出量：4000ℓ／分（自然湧出）　■泉温：41.6℃　■泉質：カルシウム・ナトリウム－硫酸塩・炭酸水素塩・塩化物温泉　■効能：神経痛、筋肉痛、関節痛、五十肩、運動まひ、うちみ、くじき、慢性消化器病ほか　■温泉の利用形態：加水なし、加温あり、完全放流式

伊香保温泉　雨情の湯　森秋旅館

〒377-0102　群馬県渋川市伊香保町伊香保60
TEL.0279-72-2601　FAX.0279-72-5555
電車：JR上越線、渋川駅からバス（約20分）で「バスターミナル」下車。徒歩約2分。
車：関越自動車道、渋川伊香保ICより約20分。

■客室：80部屋　■収容人数：300人　■内風呂：男1・女1　■露天風呂：男1・女1　■貸切風呂：1　■宿泊料金：1泊2食12,000円～（税別）

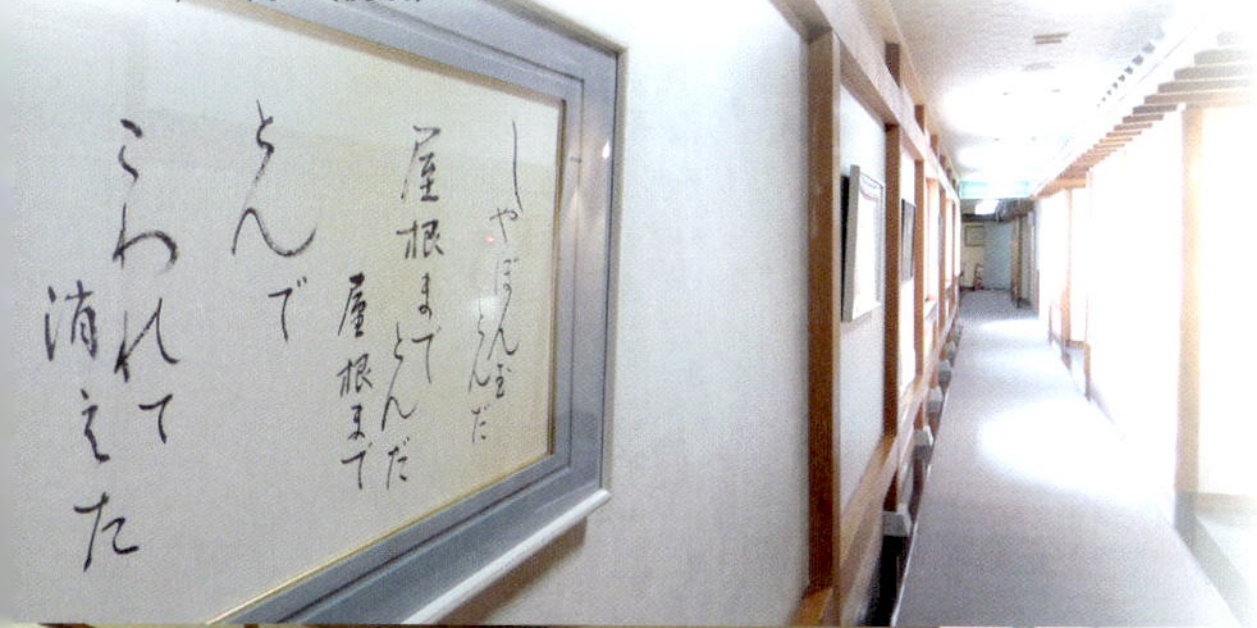

黄金の源泉があふれる昔ながらの湯自慢の宿

◆伊香保温泉「石《いし》坂《ざか》旅《りょ》館《かん》」

〈おそそも　ちんぽこも
湧いてあふるる　湯の中〉

男風呂の脱衣所に掲げられた山頭火の句に、失笑してしまった。「らしい」と思いながら浴室のドアを開けると、まさに褐色の湯が湧いてあふれていた。浴槽は小さからず、大きからず、旅の疲れを癒やすには、ちょうど良い広さである。

「昔ながらの湯舟で、古めかしいでしょう。でも湯量のことを考えると、これ以上大きくはできないんですよ」と女将の杉本洋子さん。加水をせず、源泉かけ流しにこだわっているのは、湯を愛する古くからの常連客を裏切りたくないからだと言う。あえて露天風呂がないのも、湯に自信を持つ老舗宿ならではの風格である。

創業は明治時代の後期。１００年以上の歴史を刻んできた。フロントには、往時を伝えるセピア色の写真が飾られている。「昭和４（１９２９）年、石坂旅館本館」とある。威風堂々とした木造4階の建物に、しばし見惚れていた。

「35年ほど前に経営が替わったんですけど、今でも先代からのお客さまが来てくださいます。みなさん、ご高齢になられましたが、うちはベテランのスタッフが多いので、気が休まるらしいんですよ」と笑う。浴室がエレベーターを下りた１階の目の前にあるのも、年配者には喜ばれている理由だ。階段を使わず、客室からの導線が短いというのも昔ながらの湯治客を大切にしている表れだろう。

どうしても気になっていることがあった。それは女風呂の脱衣所を覗いてみたいということ。きっと、そこにも山頭火の句があるに違いない。翌朝、無理を言って清掃時間に写真撮影と称して、こっそり入らせていただいた。

むべなるかな。こちらも、湯がこんこんとあふれ流れていた。

〈朝湯　こんこんとあふるる
なかのわたし〉

■源泉名：伊香保温泉　総合湯（混合泉）　■湧出量：4000ℓ／分（自然湧出）　■泉温：40.9℃　■泉質：カルシウム・ナトリウム－硫酸塩・炭酸水素塩泉・塩化物温泉　■効能：神経痛、筋肉痛、関節痛、切り傷、やけど、動脈硬化症、慢性皮膚病、慢性婦人病ほか
■温泉の利用形態：加水なし、季節により加温あり、完全放流式

伊香保温泉　石坂旅館

〒377-0102　群馬県渋川市伊香保町伊香保67
TEL.0279-72-3121　FAX.0279-72-4808

電車：JR上越線、渋川駅からバス（約20分）で「伊香保温泉」下車。徒歩約3分。
車：関越自動車道、渋川伊香保ICより約20分。

■客室：33部屋　■収容人数：120人　■内風呂：男1・女1
■宿泊料金：1泊2食 8,000円～（税別）　■日帰り入浴：可

石坂旅館
石坂旅館

石坂旅館

ゆ
おとこ湯

出入口

手打
うどん

上州牛鍋
うどん

二段熟成製法で仕上げた モチモチの石段うどん

伊香保温泉「青《あお》山《やま》旅《りょ》館《かん》」

早春の石段街は、とてもにぎやかだ。そこかしこから黄色い声が聞こえてくる。卒業旅行だろうか、若い女性のグループが多い。都心から近い温泉地というアクセスの良さも人気の理由だろう。

彼女たちが吸い込まれて行く店がある。いや、どう見ても店舗ではなく外観は旅館なのだが、「石段うどん」の文字に誘われているようだ。玄関で靴を脱ぎ、スリッパに履き替える。下足番を兼ねた先代の青山理三さんが、サッと客の人数を数えて太鼓を叩く。「ドーン、ドーン、ドーン」それを合図に3人の女性客が、地下の食堂へと案内されて行った。

旅館の創業は昭和7（1932）年。それ以前は石段街で、みやげ物屋を営んでいた。

「うどん好きが高じて、自分で麺を打つようになったんです。おかげさまで徐々に知られるようになって、平日はうどん屋がメインになってしまいました」と3代目主人の青山敏久さんは笑う。

自慢の麺は、主人こだわりの二段熟成製法。小麦粉を練った生地を2回に分けて、じっくりと20時間寝かした麺は、モチモチっとした歯ごたえが特徴。しっかりコシがあるので煮込んでもくずれることなく、たっぷり汁を吸い込んでいる。この天然だしから仕上げた甘めの汁が、弾力のある太麺と実に相性が良いのである。

食後には、もちろん湯をいただいた。これまた極上の「黄金《こがね》の湯」である。毎分約150リットルという豊富な湯量が引き湯されているだけあり、湯舟から気持ちがいいほどにザバザバとかけ流されていた。黄金の湯と石段うどん、また一つ伊香保の名物が加わったようである。

石段に面して併設された「なつかしや本舗」。手裏剣や射的、駄菓子に往年のアイドルポスターなど、昔なつかしい昭和レトロなグッズが所狭しと並んでいる。

■源泉名：伊香保温泉　総合湯（混合泉）　■湧出量：4000ℓ／分（自然湧出）　■泉温：41.6℃　■泉質：カルシウム・ナトリウム－硫酸塩・炭酸水素塩・塩化物温泉　■効能：神経痛、関節痛、筋肉痛、慢性消化器病、動脈硬化症、婦人病ほか　■温泉の利用形態：加水なし、季節により加温あり、完全放流式

伊香保温泉　石段うどん　青山旅館

〒377-0102　群馬県渋川市伊香保町伊香保47
TEL.0279-72-3300　FAX.0279-72-3848
電車：JR上越線、渋川駅からバス（約20分）で「伊香保温泉」下車。徒歩約5分。
車：関越自動車道、渋川伊香保ICより約20分。
■客室：14部屋　■収容人数：50人　■内風呂：男1・女1
■宿泊料金：1泊2食　6,850円～（うどん定食付き）　素泊まり5,000円～

石段街の情緒が漂う源泉かけ流しの旅の宿

◆伊香保温泉「丸本館《まるもとかん》」

路地を抜けて石段街へ出た途端、サーッと涼やかな風が吹き抜けて行った。下界では真夏日が続いているが、ここは別天の地。その中央にたたずむ木造4階建ての旅の宿。古き良き時代の情緒を感じる。

「北向きの石段街は風の通り道なんだよ。下から上へと、まるで煙突のように風が昇るんだ」と主人の松村孝雄さんが、玄関先で声をかけてくれた。「夏は涼しくて良いんだけどさ、いったん火が出ると仇《あだ》になる」。そう言って話し出した。

　大正9（1920）年、伊香保温泉は石段街を中心に大火に見舞われ、目抜き通りがほとんど焼失するという大打撃を受けた。この時、石段を駆け昇る風の道が災いし、一瞬にして火の海と化したという。現在の石段街は、その後に再建された。

　同館の歴史は古く、すでに明治時代には「丸本屋」として創業。昭和になって経営者は替わっても、屋号は「丸本館」として引き継がれた。

　「昔は芸者の声や三味線の音が聞こえて、それは賑やかだった。時代が変わり、伊香保も変わったね。団体客は消えて、若いカップルの姿が多くなったよ」と、石段を眺めながら目を細める。

　現在、経営面は息子さんにバトンを渡したが、厨房だけは長年の経験を生かして自らが仕切っている。源泉「黄金《こがね》の湯」の色にちなんだ味噌仕立ての「温泉鍋」は同館オリジナルの名物料理で、味を求めて泊まりに来るファンも少なくない。

　宿の自慢は料理だけではない。なんといっても源泉の鮮度！　石段街を流れる〝小間口〟と呼ばれる湯樋から浴槽までの距離は、わずか数十メートル。茶色というよりも茜《あかね》色に染まった湯が、ボコボコと音を立てて湯舟の縁からあふれ出ていた。

　湯上がりに客室から通りを見下ろすと、平日にもかかわらず老若男女の往来がにぎやかである。みやげ物屋、射的屋、寄席に居酒屋……。浴衣で風に吹かれながら歩いてみたくなった。

■源泉名：伊香保温泉　総合湯（混合泉）　■湧出量：4000ℓ／分（自然湧出）　■泉温：41.6℃　■泉質：カルシウム・ナトリウム－硫酸塩・炭酸水素塩・塩化物温泉　■効能：神経痛、筋肉痛、関節痛、五十肩、運動まひ、関節のこわばり、冷え性、慢性消化器病ほか　■温泉の利用形態：加水なし、季節により加温あり、完全放流式

伊香保温泉 天然温泉掛け流しの宿 丸本館

〒377-0102　群馬県渋川市伊香保町伊香保48
TEL.0279-72-2031　FAX.0279-72-2350

電車：JR上越線、渋川駅よりバス（約20分）で「伊香保温泉」下車。徒歩約4分。
車：関越自動車道、渋川伊香保ICより約20分。

■客室：8部屋　■収容人数：35人　■内風呂：男1・女1（時間帯により貸切可）　■宿泊料金：1泊2食 9,180円～（税別）
■日帰りプラン：（休憩）3,610円～（税別）　■日帰り入浴：可

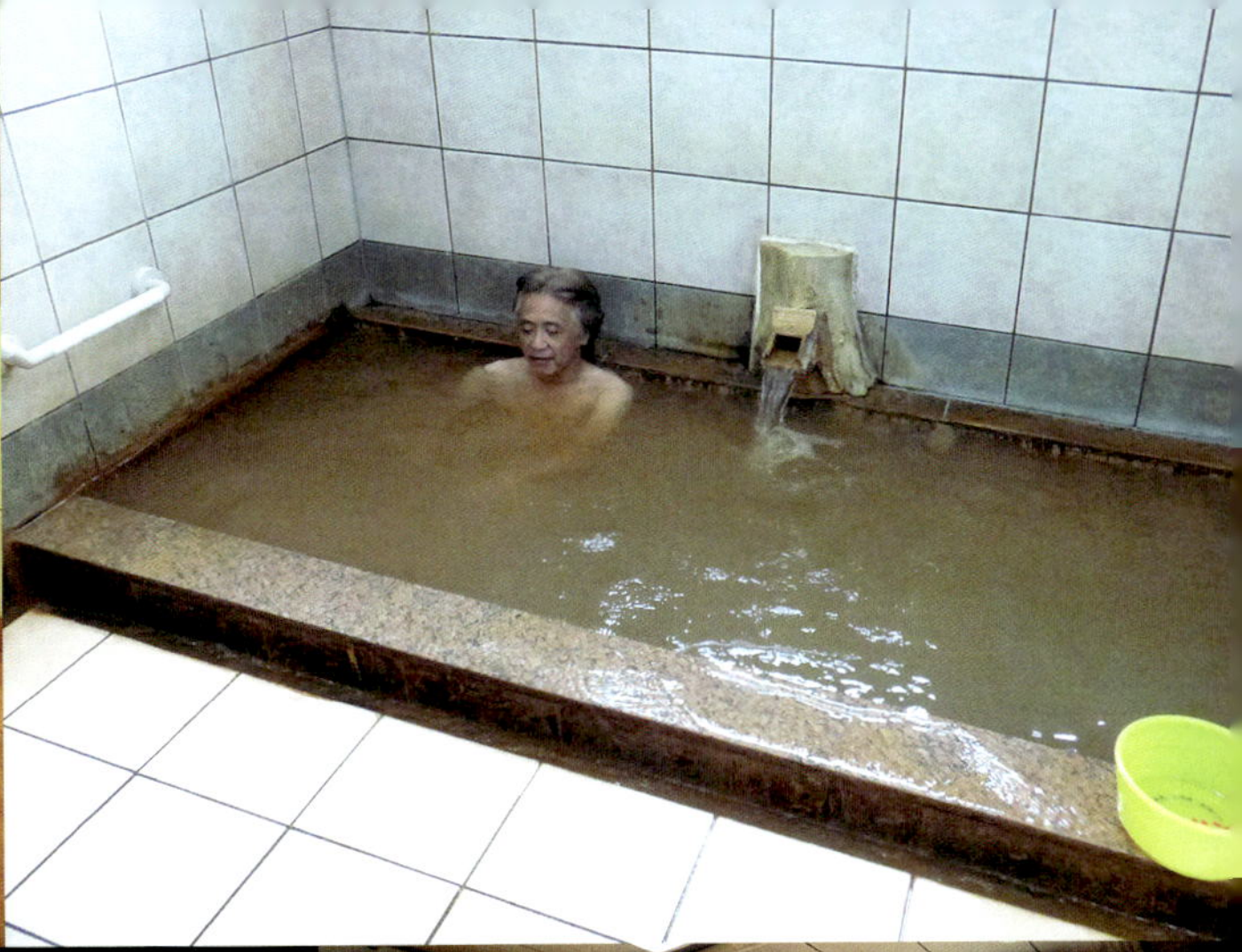

丸本館
湯の花まんじゅう
つたや物産店
村松旅館
聖徳
吉岡酒店

室町時代から受け継ぐ湯と歴史と老舗の味わい

◆伊香保温泉「岸《きし》権《ごん》旅《りょ》館《かん》」

365段ある石段の212段目。「ここでちょっとひと休み」と書かれた足湯がある。誰もが自由に利用できる足湯だが、そこには「岸権　辰の湯」とある。

創業は天正4（1576）年。室町時代から続く、伊香保屈指の老舗旅館である。江戸時代、湯の権利者には十二支の名が付けられたが、現在残るのは3軒だけ。そのうちの一つ「辰」を与えられたのが岸権である。

「昔から多くの文人が泊まられています。竹久夢二は滞在中に絵を描いていますが、こんな物にも描かれているんですよ」と、21代目若女将の岸由起子さんに案内されたギャラリーには、夢二が色紙に描いた絵のほかに、羽二重に描かれた柄模様が羽織の裏地として展示されていた。

440年の歴史とともに湯を守り継いできた宿だけあり、伊香保全湧出量の約1割（毎分400リットル弱）の源泉が引き湯されている。ゆえに館内の男女合わせて計13の浴槽は、すべてかけ流し。居ながらにして〝湯めぐり〟が楽しめるのである。

まずは3つの大浴場をめぐることにした。「権左衛門の湯」「又左衛門の湯」「六左衛門の湯」と岸一族の名が付けられているが、やはり一浴目は宿の創業者に敬意を表して、離れにある露天風呂「権左衛門の湯」を訪ねた。明治時代に描かれた錦絵

を忠実に再現したという浴室は、大きな丸太の梁《はり》が組まれた湯小屋風。総ヒノキ造りの四角い湯舟と２つの丸い桶風呂には、とうとうと茶褐色の「黄金《こがね》の湯」が注ぎ込まれていた。

春の夜の　ふけてあふるゝ
湯壺かな

これは俳人の村上鬼城が大正15（１９２６）年に投宿した際に詠んだ句である。まさに桶風呂に身をゆだねている状態である。そして季節は春。のんびりと湯めぐりを楽しむことにした。

■源泉名：伊香保温泉　総合湯（混合泉）■湧出量：4000ℓ／分（自然湧出）　■泉温：41.6℃　■泉質：カルシウム・ナトリウム－硫酸塩・炭酸水素塩・塩化物温泉　■効能：神経痛、関節痛、筋肉痛、切り傷、やけど、慢性皮膚病、慢性消化器病、婦人病ほか　■温泉の利用形態：加水なし、加温あり、完全放流式

伊香保温泉　岸権旅館

〒377-0102　群馬県渋川市伊香保町伊香保甲48
TEL.0279-72-3105　FAX.0279-72-2002
電車：JR上越線、渋川駅からバス（約20分）で「伊香保温泉」下車。終点バス停から送迎あり。
車：関越自動車道、渋川伊香保ICより約20分。

■客室：70部屋　■収容人数：300人　■内風呂：男2・女2　■露天風呂：男2・女2　■貸切風呂：内風呂2・露天風呂2　■サウナ：男1・女1　■足湯：1　■宿泊料金：1泊2食 15,500円～（税別）

貸切風呂

金太夫
金太夫

6つの無料貸切家族風呂と絶景展望露天風呂

◆伊香保温泉「金太夫《きんだゆう》」

急な坂道のてっぺんにある古い門柱。刻まれた文字に、つと足を止めた。『逢来館　木暮総本家　金太夫旅館』。時の流れが、転がり落ちてきた。

延享3（1746）年、徳川9代家重の時代。12軒の大屋（源泉所有者）に十二支が名付けられた。そのなかに3軒の木暮姓の宿があった。「子」は木暮武太夫、「丑」は木暮八左ヱ門、そして「寅」を総本家である木暮金太夫が代々名乗ってきた。

永い歴史の中で幾多の変遷を繰り返しながら、平成の世になり、また新たな歴史を刻み続けている。現在、経営者は替わっているものの、「寅」の称号を持つ大屋の風格を残している。玄関ロビーの入口にトラのはく製が置かれていることの意味に、気づく人は少ないだろうが……。

7階の大浴場から展望露天風呂へ出た途端、鮮明に記憶がよみがえってきた。過去に家族で泊まったことがあったのだが、なかなか思い出せずにいたのだった。でも黄金《こがね》色の湯と、そこからの絶景を見て、遠い日の小さかった息子の姿が浮かび上がってきた。今でこそ温泉めぐりを生業にしてい私だが、当時はサラリーマンで、家族と温泉旅行に出かけるなんていうことは、数年に1度しかなかった。そんな私の数少ない家族との思い出の湯に、しじみと浸かった。

夕食の後、もうひと風呂浴びに貸切家族風呂へ。サンダルに履き替えて、雪のちらつく前庭を横切って別棟へ向かった。6つある個室風呂のうち2つが露天。予約制だが、空いていれば無料で利用することができる。黄金の源泉を独り占めしながら、雪見風呂を楽しんだ。

■源泉名：伊香保温泉　総合湯（混合泉）　■湧出量：4000ℓ／分（自然湧出）　■泉温：41.6℃　■泉質：カルシウム・ナトリウム－硫酸塩・炭酸水素塩・塩化物温泉　■効能：神経痛、筋肉痛、関節痛、五十肩、運動まひ、関節のこわばり、打ち身、くじき、慢性消化器病ほか　■温泉の利用形態：加水あり、加温あり、完全放流式

伊香保温泉　金太夫

〒377-0102　群馬県渋川市伊香保町伊香保19
TEL.0279-72-3232　FAX.0279-72-3007
電車：JR上越線、渋川駅よりバス（約20分）で「伊香保温泉」下車。徒歩約3分。
車：関越自動車道、渋川伊香保ICより約20分。

■客室：55部屋　■収容人数：280人　■内風呂：男1・女1
■露天風呂：男1・女1　■貸切風呂：6（うち露天風呂2）
■足湯：1　■宿泊料金：1泊2食　7,800円～（税別）

雪明かりに浮かび上がる木造4階建ての楼閣

◆伊香保温泉「横《よこ》手《て》館《かん》」

この日、関東地方に初雪が降った。見上げる木造4階総ヒノキ造りの建物は、しんしんと降り続く雪のベールに覆われ、まさに楼閣の様相でそびえ立っていた。

創業は元禄時代の宝永年間（１７０４～１１）という。本館は大正９（１９２０）に建てられた木造３階建ての東館と、翌10年に建てられた木造４階建ての西館から成り、双方が正面の玄関をはさんでシンメトリーに対峙している。ただただ「美しい」のひと言がもれるばかりだ。素人目にも価値ある建造物であることが分かる。平成27年、国の重要文化財に指定されている。

「雪の中、お疲れさまでした」と番頭さんに出迎えられ、「さあさ、こちらへどうぞ」と仲居さんに案内された部屋は、西館３階の角部屋。人気のある部屋で、わざわざ指名して宿泊する常連客もいるという。

昔ながらの襖《ふすま》で仕切られた二間続きの和室は、萌黄《もえぎ》色の土壁と網代《あじろ》天井が施された書院造り。部屋をグルリと廻る廊下には、石畳と飛び石が配されている。雪見障子を上げれば、文字通りガラス窓越しに銀世界が広がった。

そのガラス窓までもが、なんとも懐かしい。斜めから見ると、映るものがゆがんで見える〝昔硝子《むかしがらす》〟である。今では、この製法でガラスを作れる職人はほとんどいないという希少な代物だ。広縁に腰かけ、しばし部屋と外の景色を交互に見惚れていた。

湯は、老舗ならではの「黄《こ》金《がね》の湯」。茶褐色というよりは赤褐色に近い濃厚な源泉が、惜しみなくかけ流されていた。身も心も温まり、今宵は雪見酒としゃれ込むことにした。

■源泉名：伊香保温泉　総合湯　■湧出量：4000ℓ／分（自然湧出）　■泉温：41.6℃　■泉質：カルシウム・ナトリウムー硫酸塩・炭酸水素塩・塩化物温泉　■効能：神経痛、筋肉痛、関節痛、五十肩、運動まひ、関節のこわばり、冷え性、慢性消化器病ほか　■温泉の利用形態：加水なし、加温あり、完全放流式

伊香保温泉　横手館

〒377-0102　群馬県渋川市伊香保町伊香保11
TEL.0279-72-3244　FAX.0279-72-2008

電車：JR上越線、渋川駅からバス（約20分）で「伊香保温泉」下車。徒歩約3分。
車：関越自動車道、渋川伊香保ICより約20分。

■客室：40部屋　■収容人数：100人　■内風呂：男1・女1（入替制）　■貸切風呂：3　■宿泊料金：1泊2食 11,000円～（税別）　■日帰り入浴：可（要問合）

湯の花饅頭

和み

POLICE

上州くん
特別純米酒
本格焼酎
上州くん

群馬県警察
群馬県警察
群馬県警察
群馬県警察

石段街のてっぺんで歴史をつむぐ公共の宿

◆伊香保温泉「凌《りょう》雲《うん》閣《かく》」

榛名山腹の北側斜面に石段をはさんで扇形に広がる温泉街。その一番てっぺん、ちょうど扇の要の部分に白亜の館は立っている。上には伊香保神社、下には旅館やみやげ物店が軒を連ねている。

「現在は公共の施設として、リーズナブルな値段で会員や一般の方にも親しまれていますが、もともとは由緒ある旅館だったようです」と、支配人の高山栄一さんが資料を広げながら歴史を語り始めた。

かつて、この場所には伊香保の湯の権利を持つ名士の所有だった「楽山館」と呼ぶ木造3階建ての建物があったという。明治12（1879）年7月、明治天皇の御母君の英照皇太后陛下（孝明天皇の皇后）が行啓された際、陛下の御座所として楽山館が当てられた。その時の群馬らしいエピソードが残されている。

毎日のように雷鳴が轟《とどろ》き、従官の宿に落雷があった。避雷針を付けたいという希望が出たが、群馬県にはまだ例がなく、行啓の期間だけでも借り受けたいと内務省に掛け合い、ようやく取り寄せて楽山館に取り付けることができたという。これが歴史に残る避雷針群馬県第一号となった。

伊香保の地は幾度もの大火に遭いながらも、その度ごとに再興し、楽山館も時代の中で「凌雲閣」「千登世館」と名前を変えた。そして昭和27（1952）年5月、警察の共済組合が買収し、現施設が建設された。

さすが警察関連の施設である。売店には一般では購入できないようなレアなグッズが、ズラリと並んでいた。鉛筆やメモ帳などのファンシーからワイン、日本酒に至るまで、群馬県警のマスコット「上州くん」と「みやまちゃん」が印刷されている。コレクターや子どもたちに人気とのことだ。

■源泉名：伊香保温泉　総合湯（混合泉）　■湧出量：4000ℓ／分（自然湧出）　■泉温：41.6℃　■泉質：カルシウム・ナトリウム－硫酸塩・炭酸水素塩・塩化物温泉　■効能：神経痛、筋肉痛、関節痛、五十肩、運動まひ、うちみ、くじき、動脈硬化症ほか　■温泉の利用形態：加水あり、加温あり、放流・循環併用式

伊香保温泉　警察共済組合　凌雲閣

〒377-0102　群馬県渋川市伊香保町伊香保10
TEL.0279-72-2254　FAX.0279-72-2459
電車：JR上越線、渋川駅からバス（約20分）で「伊香保温泉」下車。徒歩約4分。
車：関越自動車道、渋川伊香保ICより約20分。
■客室：23部屋　■収容人数：103人　■内風呂：男1・女1
■宿泊料金：1泊2食　10,248円～（税別）※組合員料金あり

2つの源泉と低温サウナでリラクゼーション

◆伊香保温泉 「大江戸温泉物語《おおえどおんせんものがたり》 伊香保《いかほ》」

東京お台場に日本最大級の日帰り温泉テーマパークが誕生したときは、その規模とサービスに驚いたものだ。都心で温泉が楽しめてしまったら地方はどうなってしまうのだろうか？　と思っていたら、さにあらん。全国の温泉地にも独自の経営とエンターテインメント性に富んだリーズナブルな宿が、次々とオープンした。国内に30カ所以上あるというが、群馬では唯一、伊香保だけ。名を馳せる名湯だけあり、温泉ファンが全国からやって来る。この日も駐車場には、県外ナンバーの車で、いっぱいだった。

　チェックインを済ませたら、ロビーで浴衣を選んで部屋へ。すでに布団が敷いてあり、夕食までの時間、自由勝手に振る舞えるのがいい。

　大浴場には、2種類の源泉が引かれている。内風呂はサラリとしたクセのない「白銀《しろがね》の湯」、露天風呂が伊香保伝統の「黄金《こがね》の湯」。宿泊料金のリーズナブルさから考えると、かなり得した気分になる。

　脱衣所に併設されている低温サウナの釜風呂は、グループでもここだけというレアもの。専用の浴衣に着替えて、床に横になって10〜15分。温度は約45度と低いものの、背中からもジワジワと温められて、気が付けば全身に心地よい汗をかいていた。温度が高くなく心臓に負担がかからないため、闘病中や高血圧症の人に適していると

いう。

湯上がりには、約70種の料理がそろうバイキング会場へ。オープン前だというのに、すでに行列ができていた。老若男女に人気の理由は、リーズナブルさだけではないようだ。客を飽きさせない多彩な演出に、リピーターが集まることを知った。

■源泉名：伊香保温泉　総合湯（混合泉）、西沢の湯　1号・3号・4号の混合泉　■湧出量：4000ℓ／分（自然湧出）、測定せず（自然湧出）　■泉温：41.6℃、15.5℃　■泉質：カルシウム・ナトリウム－硫酸塩・炭酸水素塩・塩化物温泉、温泉法第2条の「温泉」に該当（メタけい酸含有）　■効能：神経痛、筋肉痛、関節痛、五十肩、冷え性ほか。病後回復期、疲労回復、健康増進（ただし病後回復期については温泉療法医の指導に基づく）　■温泉の利用形態：加水あり、加温あり、循環ろ過式

伊香保温泉　大江戸温泉物語　伊香保

〒377-0102　群馬県渋川市伊香保町伊香保592-1
TEL.0279-72-4109　FAX.0279-72-2950
電車：JR上越線、渋川駅からバス（約20分）で「伊香保榛名口」下車。徒歩約1分。
車：関越自動車道、渋川伊香保ICより約20分。
■客室：40部屋　■収容人数：170人　■内風呂：男1・女1　■露天風呂：男1・女1　■低温サウナ：男1・女1　■宿泊料金：1泊2食　7,980円～（税別）　■日帰り入浴：可

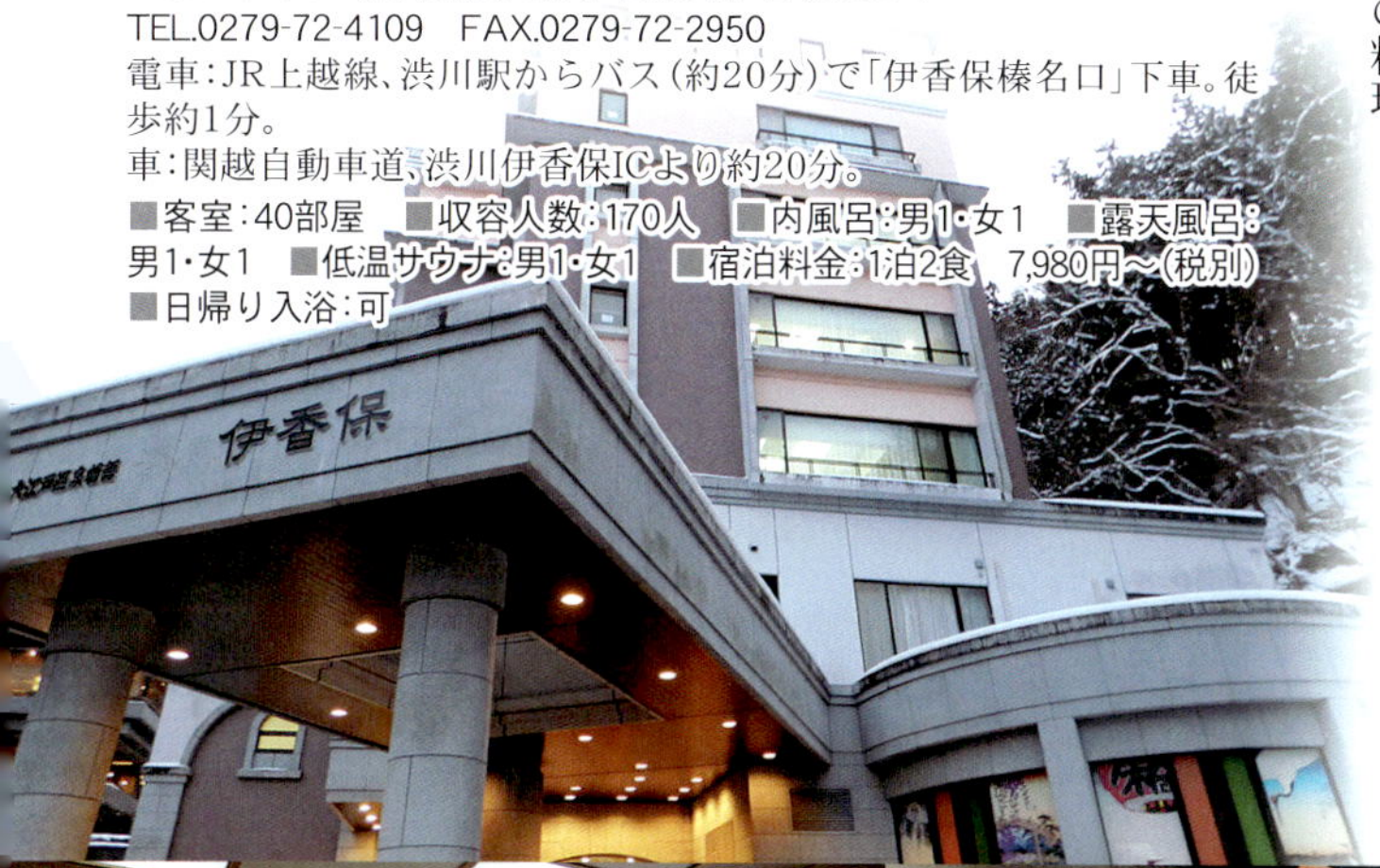

湯のこころを守り伝えて400年

◆伊香保温泉「福《ふく》一《いち》」

温泉街の石段を上り切ると、道は踊り場のように右、左にと鍵状に曲がる。目の前には、あと数十段の石段を残して伊香保神社の鳥居が見える。右手には「福一」別館の大きな建物がそびえている。そして「裏玄関」の文字。しかし、ここが「福一」の原点だということを知る人は少ない。

創業400年。歴史は安土桃山時代の石段街創建の時代までさかのぼる。当時、この地を領有していた武田勝頼の命により、勝頼の家臣たちが造ったといわれ、この時の武田家の直《じき》臣《しん》とその家来たちの関係は江戸時代になると大屋《おおや》と譜代《ふだい》門屋《かどや》という身分制度になり、大屋は分家も含めて14軒が伊香保の土地と温泉の権利を占有していた。寛永6(1629)年、この大屋に福田五左衛門という人物が名を連ねている。

伊香保は江戸から大正時代にかけて何度も大火に遭っているため、福田家の先祖に関する書物があまり残っていないのが残念だが、明治時代にはすでに「福市楼」という宿屋を営んでいた。大正9(1920)年の大火で全焼してしまったが、翌年には「福一楼」と改名して再建している。

戦後、高度経済成長期に入り車社会が進むと、駐車場のない石段街にあった何軒かの旅館は広い土地へと移転して行ったが、第17代目現社長の福田朋英氏は当地に残ることを決意し、川沿いの土地を活用して昭和58(1983)年に現在の本館「万葉館」をオープンさせた。だから裏玄関は、昔の表玄関だったのである。

団体や宴会客でにぎわう「千樹館」から連絡通路を渡り「万葉館」へ。その昔、サラリーマン時代に忘年会で訪れていた頃の記憶がよみがえってきた。エレベーターで階下の大浴場へ。夜の石段街を歩いて冷えた体を温めることにした。

■源泉名:伊香保温泉　総合湯(混合泉)、西沢の湯1号・3号・4号の混合泉　■湧出量:4000ℓ／分(自然湧出)、測定せず(自然湧出)　■泉温:41.6℃、15.5℃　■泉質:カルシウム・ナトリウム－硫酸塩・炭酸水素塩・塩化物温泉、温泉法第2条の「温泉」に該当(メタけい酸含有)　■効能:神経痛、筋肉痛、関節痛、切り傷、やけど、慢性皮膚病ほか。病後回復期、疲労回復、健康増進(ただし病後回復期については温泉療法医の指導に基づくこと)
■温泉の利用形態:加水なし、加温あり、放流・循環併用式

伊香保温泉　守り伝えし湯のこころ　福一

〒377-0193　群馬県渋川市伊香保町伊香保甲8
TEL.0279-20-3000　FAX.0279-72-5252
電車:JR上越線、渋川駅からバス(約20分)で「伊香保温泉」下車。宿泊送迎あり。
車:関越自動車道、渋川伊香保ICより約20分。

■客室:83部屋　■収容人数:400人　■内風呂:男1・女1　■露天風呂:男1・女1　■貸切風呂:3　■サウナ:男1・女1　■宿泊料金:1泊2食 18,000円～(税別)　■日帰り入浴:可(要問合)

今までにない和の贅を究めた旅先の邸宅

◆伊香保温泉「旅邸《りょてい》 諧暢楼《かいちょうろう》」

平成20年1月、県内外の旅館業界に衝撃が走った。「えっ、1泊10万円の宿!」と当時、私も至極驚いたことを覚えている。平均宿泊単価が約10万円という料金設定は、もちろん伊香保では最高額だし、全国的に見てもほとんどない。まして時代はバブルが去った後だった。

当時の業界雑誌には、こんな一文が記載されている。〈かつてのバブル長者やIT長者といった成金とは違い、真の富裕層になってくると、景気の変化にも左右されない〉と。まさに国内外の富裕層をターゲットにした究極のリラクゼーション空間。"旅先の邸宅"という言葉が良く似合う。

「年齢層は、あまり関係ありませんね。30代のカップルや二世代家族もご利用になられます」とマネージャーの須藤秀明さん。聞けば「諧暢楼」とは、14代目館主である福田與重《よじゅう》の時代(明治初期)に名乗っていた屋号だという。「諧」は"やすらぎ"、"やわらぎ"を、「暢」は"のびやかさ"を意味しており、もてなしの心を表現している。

客室は全8室。各部屋とも戸外や専用庭を楽しみながら入浴できる露天、もしくは半露天風呂が付いている。インテリア

や調度品、アメニティーに至るまで徹底したクオリティーを追及している。

極め付けは、"羽毛の宝石"と呼ばれるアイダーダウンを使用した寝具。北極圏のアイスランド、グリーンランド地方に生息する水鳥、アイダーダックから採取される希少価値の高い最高級の羽毛布団で、1枚100万円以上する代物。軽く温かく、身体をやさしく包み込んでくれる至福の寝具である。

食事は専用の食事処「茶寮」で提供され、料理に合わせてソムリエがコーディネートした銘酒も同時に提供される。2階フロアにはスパ(エステ)ルームも併設されている。

■源泉名:伊香保温泉　西沢の湯1号・3号・4号の混合泉　■湧出量:測定せず(自然湧出)　■泉温:15.5℃　■泉質:温泉法第2条の「温泉」に該当(メタけい酸含有)　■効能:病後回復期、疲労回復、健康増進(ただし病後回復期については温泉療法医の指導に基づくこと)　■温泉の利用形態:加水なし、加温あり、放流・循環併用式

伊香保温泉　奥伊香保　旅邸 諧暢楼

〒377-0102　群馬県渋川市伊香保町伊香保香湯5-4
TEL.0279-20-3040　FAX.0279-0279-20-3456
電車:JR上越線、渋川駅からバス(約20分)で「伊香保温泉」下車。宿泊送迎あり。
車:関越自動車道、渋川伊香保ICより約20分。

■客室:8部屋　■収容人数:22人　■庭園露天風呂＋内風呂付和室:3　■庭園露天風呂＋シャワーブース付和室:2　■半露天風呂＋シャワーブース付スイート:3　※本館「福一」の大浴場と貸切風呂も入浴可　■宿泊料金:1泊2食　40,000円～(税別)
※18歳未満の方は、ご宿泊できません。

カタツムリに乗って緑の渓谷を昇れば……

◆伊香保温泉

「景《ケー》風《ブ》流《ル》の宿《やど》 かのうや」

”景風流“と書いて「ケーブル」と読む。景色が風流だなんて、なんとも粋でシャレている。駐車場からフロントまでケーブルカーに乗って、渓谷の斜面を上る。伊香保で唯一、県内でも無二、全国でも希有な旅館だ。なぜ、こんなアプローチになったのだろうか?

「地形的な条件から苦肉の策のアイデアだったようです。完成した年に、私は東京から呼び戻されました」と、5代目主人の大塚隆平さんは当時を述懐する。

創業は明治22(1889)年。初代が叶屋旅館として石段街に開業した。マイカーブームの到来を見越し、昭和35(1960)年に現在の場所に別館を建てた。しかし玄関は湯元通りに面していたため、駐車場から旅館までは距離と高低差があった。お客が到着するたびにマイクロバスを使ってピストン輸送していたが、この不都合を解消するために設置されたのがケーブルカーという画期的な移動手段だった。平成元年のことである。

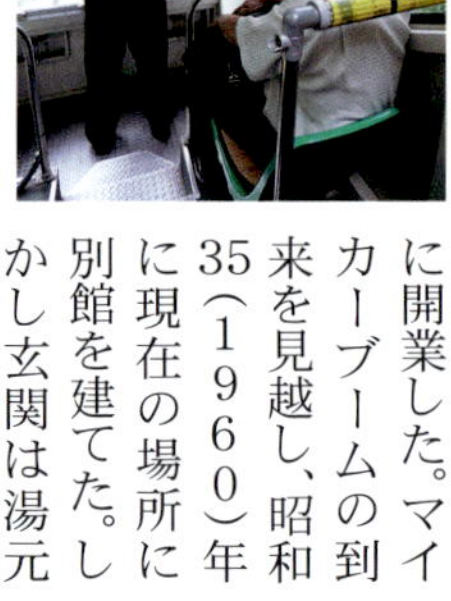

駐車場に車を止め、迎えてくれた従業員の案内に従い、ケーブルカーに乗り込む。木立ちの中を、ゆっくりと進む。まるでカ

タツムリのようだ、と思ったら宿のトレードマークもカタツムリだった。「安全運転のイメージを意匠化した」のだという。

この日、私は20年ぶりに同館を訪ねた。まだサラリーマンだった頃、会社の忘年会で毎年のように利用していた思い出がよみがえってきた。でも当時とは、だいぶ雰囲気は変わっていた。宴会場はクラシックな趣のダイニング「小淘（こゆるぎ）亭」に、4〜6階は全室が露天風呂付き客室の「別邸そらの庭」にリニューアルしていた。

湯上がり、ヒグラシの声に誘われて、ほろ酔い気分で中庭に出ると、渓谷を渡る風がなんとも心地よい。どこからか風鈴の音が涼しさを運んできた。風流な宿である。

■源泉名：伊香保温泉西沢の湯　1号・2号・3号の混合泉
■湧出量：測定せず（自然湧出）　■泉温：10.7℃　■泉質：温泉法第2条の「温泉」に該当（メタけい酸含有）　■効能：病後回復期、疲労回復、健康増進（ただし病後回復期については温泉療法医の指導に基づくこと）　■温泉の利用形態：加水なし、加温あり、循環ろ過式

伊香保温泉　景風流の宿　かのうや

〒377-0102　群馬県渋川市伊香保町伊香保591
TEL.0279-72-2662　FAX.0279-72-3919
電車：JR上越線、渋川駅からバス（約20分）で「伊香保温泉」下車。徒歩約8分。宿泊送迎あり。
車：関越自動車道、渋川伊香保ICより約20分。

■客室：31部屋　■収容人数：90人　■内風呂：男1・女1
■露天風呂：男1・女1　■貸切風呂：内風呂3　露天風呂2
■宿泊料金：1泊2食 13,000円〜（税別）　■日帰り入浴：可

伊香保の森にたたずむ ステンドグラスの洋館

◆伊香保温泉「橋《はし》本《もと》ホテル」

湯元通りを上ると、湯沢川に架かる赤い太鼓橋が見える。紅葉の季節、ライトアップされることで有名な「河鹿《かじか》橋」だ。橋を過ぎると飲泉所があり、なだらかな坂道が伊香保露天風呂へと続いている。

　道すがら、いつも気になっていた建物がある。温泉街から離れた森の中、ポツンと一軒宿のようにたたずむ白亜の洋館。レンガ色したエントランスの階段が憧憬へと誘う。出迎える八角形の大きなステンドグラス。ここだけ空気が、ひんやりと澄んで感じられる。

　創業は明治42（1909）年。京都で料理人をしていた初代が、日光の金谷ホテルと軽井沢の万平ホテルの中間にと、この地で洋食レストランを開業したのが始まりだった。館内には写真や宿帳など、避暑地だった頃の古き良き伊香保の歴史が展示されている。

「ここを見てください。夢二のサインが残されているんですよ」と、4代目女将の橋本廣子さんがセピア色したノートのページを指さした。日付は判読不明だが「1929年」（昭和4年）と書かれたページの上段に「Ｙｕｍｅ Ｔａｋｅｈｉｓａ」の文字が記されていた。竹久夢二は、伊香保ゆかりの画家であるが、時折、同館にも宿泊していたようである。「今でいうオムライスですね。チキンライスを玉子でくるんだ料理が好きだったと聞いています」。当時にしてみれば、かなりハイカラな暮らしをしていたようである。

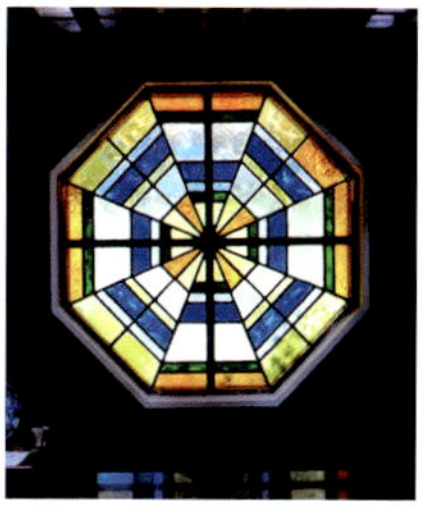

　ロビーから、らせん階段で2階のラウンジへ。バーの片隅に、フクロウをデザインした古いステンドグラスが目に入った。「私が嫁いだ当時の古いホテルにあったステンドグラスです。これが切っかけで作るようになりました」と、ここで初めて館内の作品がすべて女将の手によるものだと知った。

　浴室の壁にも見事なステンドグラスが飾られていた。茶褐色に染める「黄金《こがね》の湯」に浸かりながら、昭和ロマンに思いを馳せていた。

■源泉名：伊香保温泉　総合湯（混合泉）　■湧出量：4000ℓ／分（自然湧出）　■泉温：40.9℃　■泉質：カルシウム・ナトリウム－硫酸塩・炭酸水素塩・塩化物温泉　■効能：神経痛、筋肉痛、関節痛、五十肩、運動まひ、打ち身、くじき、冷え性ほか　■温泉の利用形態：加水なし、加温あり、完全放流式（露天風呂は水道水の循環式）

伊香保温泉　橋本ホテル

〒377-0102　群馬県渋川市伊香保町伊香保586-2
TEL.0279-72-2035　FAX.0279-72-2372
電車：JR上越線、渋川駅からバス（約20分）で「石段下」下車。徒歩約15分。宿泊送迎あり。
車：関越自動車道、渋川伊香保ICより約20分。
■客室：27部屋　■収容人数：70人　■内風呂：男1・女1　■露天風呂：男1・女1　■宿泊料金：1泊2食　8,500円～（税別）　■日帰り入浴：可

伊香保旅情

伊香保温泉
石段の湯
露天風呂
アサヒビ
珈琲 おみやげ
すみよ
おかし屋
射的
大坂屋
伊香保 演芸場
落語
4時
石段 伊香保 落語
伊香保温泉

湯けむりに誘われて石段をそぞろ歩けば

数年前に県道まで延伸され、だいぶ観光客が増えたという。見上げる石段は、ちょうど365段。平日の昼間とはいえ、さすがは群馬を代表する名湯である。この日も老若男女で、にぎわっていた。

上り始めて、すぐの所にある共同浴場「石段の湯」で、まずは一浴。御影石の浴槽にたたえられた黄金《こがね》色の湯に、身も心も解かれていく。

みやげ物を売る店が軒を連ねる石段を、一歩また一歩、脇見をしながらそぞろ歩く。なんとも懐かしい昭和レトロな遊技場を発見!　のぞき込めば若い男女のグループが、スマートボールや射的、輪投げに興じている。おじさんなど、お呼びでないと知りつつも、足を踏み入れた。片隅に設えられたバーカウンターに陣取り、すかさず生ビールを注文。しばしゲームのゆくえを観戦することにした。

春まだ浅い、弥生の午後。さすがに浴衣姿では、足元が冷えてきた。と思えば、うまい具合に石段の中ほどに足湯があるではないか。つかの間の暖をとり、また上り出す。

振り返ると、旅情あふれる石段街のはるか遠く、まだ雪を頂いた県境の山々が見渡せた。時折、吹き上げる風の冷たさに身ぶるいをしながら、さらに上を目指す。

鳥居が見えてきた。365段のてっぺんは近い。そう思った矢先、もうもうと煙を上げる店の前で、つと足が止まった。小腹を誘う甘い匂いに、思わず戸を開けてしまった。

熱々のまんじゅうを頬ばりつつ、石段を上る。神社に参拝した帰りは、湯元通りに下りて、「伊香保露天風呂」まで足を延ばすことにした。

気がつけば、小雪がちらついていた。伊香保の春は、もう少し先のようである。

22	一冨士ホテル	渋川市伊香保町伊香保557-12	0279-72-2622	p62
23	いかほ秀水園	渋川市伊香保町伊香保557	0279-72-3210	p64
24	よろこびの宿 しん喜	渋川市伊香保町伊香保557-34	0279-20-3255	p66
25	ホテルきむら	渋川市伊香保町伊香保557-32	0279-72-3333	p68
八幡坂				
26	ホテル木暮	渋川市伊香保町伊香保135	0279-72-2701	p70
27	和心の宿 オーモリ	渋川市伊香保町伊香保58	0279-72-2611	p72
28	古久家	渋川市伊香保町伊香保52	0279-72-3322	p74
八千代坂				
29	美松館	渋川市伊香保町伊香保131	0279-72-2655	p76
石段街				
30	お宿 玉樹	渋川市伊香保町伊香保87-2	0279-72-2232	p80
31	千明仁泉亭	渋川市伊香保町伊香保45	0279-72-3355	p82
32	森秋旅館	渋川市伊香保町伊香保60	0279-72-2601	p84
33	石坂旅館	渋川市伊香保町伊香保67	0279-72-3121	p86
34	青山旅館	渋川市伊香保町伊香保47	0279-72-3300	p88
35	丸本館	渋川市伊香保町伊香保48	0279-72-2031	p90
36	岸権旅館	渋川市伊香保町伊香保甲48	0279-72-3105	p92
37	金太夫	渋川市伊香保町伊香保19	0279-72-3232	p94
38	横手館	渋川市伊香保町伊香保11	0279-72-3244	p96
39	凌雲閣	渋川市伊香保町伊香保10	0279-72-2254	p98
湯元通り				
40	大江戸温泉物語 伊香保	渋川市伊香保町伊香保592-1	0279-72-4109	p100
41	福一	渋川市伊香保町伊香保甲8	0279-20-3000	p102
42	旅邸 諧暢楼	渋川市伊香保町伊香保湯5-4	0279-20-3040	p104
43	景風流の宿 かのうや	渋川市伊香保町伊香保591	0279-72-2662	p106
44	橋本ホテル	渋川市伊香保町伊香保586-2	0279-72-2035	p108

金銀名湯 伊香保温泉 宿一覧

一文字通り				
1	伊香保グランドホテル	渋川市伊香保町伊香保550	0279-72-3131	p18
2	旅館ふくぜん	渋川市伊香保町伊香保396-1	0279-72-2123	p20
3	ホテル松本楼	渋川市伊香保町伊香保164	0279-72-3306	p22
4	洋風旅館 ぴのん	渋川市伊香保町伊香保383	0279-72-3308	p24
5	ホテル冨久住	渋川市伊香保町伊香保160-20	0279-72-3350	p26
6	遊山の里 とどろき	渋川市伊香保町伊香保106	0279-72-2222	p28
梨木坂				
7	HOTEL天坊	渋川市伊香保町伊香保396-20	0279-72-3880	p30
8	如心の里 ひびき野	渋川市伊香保町伊香保403-125	0279-72-7022	p32
ちろりん坂				
9	お宿 かつほ	渋川市伊香保町伊香保361-9	0279-72-2059	p34
あづま街道				
10	徳田屋旅館	渋川市伊香保町伊香保165-23	0279-72-3891	p36
11	榮泉閣	渋川市伊香保町伊香保166	0279-72-2710	p38
12	ホテルニュー伊香保	渋川市伊香保町伊香保372-1	0279-72-3737	p40
13	割烹旅館 春日楼	渋川市伊香保町伊香保329-10	0279-72-4151	p42
かみなり坂				
14	塚越屋七兵衛	渋川市伊香保町伊香保175-1	0279-72-3311	p44
15	香雲館	渋川市伊香保町伊香保175	0279-72-5501	p46
16	あかりの宿 おかべ	渋川市伊香保町伊香保373-8	0279-72-3353	p48
17	明野屋	渋川市伊香保町伊香保199-6	0279-72-3578	p50
18	さくらい旅館	渋川市伊香保町伊香保210	0279-72-2575	p52
見晴台				
19	市川別館 晴観荘	渋川市伊香保町伊香保557	0279-72-2717	p56
20	ホテルいかほ銀水	渋川市伊香保町伊香保557-23	0279-72-3711	p58
21	山陽ホテル	渋川市伊香保町伊香保557-13	0279-72-2733	p60

一般社団法人　渋川伊香保温泉観光協会

〒377-0102 群馬県渋川市伊香保町伊香保541-4
TEL.0279-72-3151　FAX.0279-72-4452
URL http://www.ikaho-kankou.com/

伊香保はどんな所です？

伊香保には昔から多くの文人が訪れているが、とりわけ温泉を愛し、日本中を旅して紀行文を世に残した、いわば温泉ライターの大先輩である二人の存在を語らないわけにはいかない。

大正7（1918）年11月、歌人の若山牧水は、奥利根の源流を目指して旅に出た。高崎駅の待合室で地図を眺めては、「老神《おいがみ》温泉へ向かおうか、湯檜曽《ゆびそ》温泉へ向かおうか、沼田へはどう行こうか」と逡巡した末、今まさに出発しようとする電車に飛び乗った。

〈一體（体）この電車は何處（処）まで行くのだと車掌に問ふと、伊香保まで、と言ふ。伊香保、と聞いて何といふ事なく私はまた驚いた。伊香保といふのがこの方面に在ることは知つてゐ（い）たが、いまこの電車が其處まで行くのだとは知らなかつた。〉（『靜かなる旅をゆきつゝ』より）

電車が伊香保の停車場に着いた時には、あたりはすっかり夜に包まれ、牧水は疲れ切ってしまい、とぼとぼと坂道を上りながら、車掌から聞いた宿へと向かった。

〈浴室へ案内せられて入つてゆくと、どう〳〵と音を立てゝ瀧が落ちてゐる。ぬるからずあつからず、而《しこう》して臭からず、濁つては居るが流石《さすが》天下の名湯であると感心しながら肩を打たす。〉（『靜かなる旅をゆきつゝ』より）

小説家の田山花袋もまた、温泉を愛した人である。大正7年12月に出版した『温泉めぐり』は、〈温泉というものはなつかしいものだ〉という文章から始まり、全国の温泉を旅して記している。なかでも群馬生まれの花袋にとって伊香保は、特別な思いがあったようだ。明治41（1908）年に『伊香保温泉誌』を、大正6（1917）年には『伊香保案内』という2冊の案内書を書いている。また大正8年に発行された『伊香保みやげ』という随筆集にも、伊香保を訪れた著名な作家らとともに文章を寄せている。

〈私は二三日前電車で此処《ここ》にやつて来たことを思ひ出した。雪は深く積もつてゐる中を次第に山の中に入つて来たことを思ひ出した。階段をなした町の人家の中央に湯の鉄管から湯気が湧くやうに颺《あが》つてゐるさまを思ひ出した。二階が寒いので、下の一間、炬燵《こたつ》のある一間へ下りて来たことを思ひ出した。「寒いですね。伊香保は……湯でもなくつちやとてもゐられませんね」から度々言つて妻が浴槽に出かけて行つたことを思ひ出した。寒い寒い冬の山の温泉であつた。〉（『雪の伊香保』より）

『伊香保みやげ』には、同じく群馬生まれの詩人・萩原朔太郎も寄稿している。

〈私の郷里は前橋であるから、自然子供の時から、伊香保へは度々行つて居る。で「伊香保はどんな所です」といふやうな質問を皆から受けるが、どうもかうした質問に対してはつきりした答をすることはむづかしい。〉（『石段上りの街』より）

朔太郎同様、幼少より前橋に暮らす私にとって伊香保は、もっとも身近な温泉地だった。ハイキングや登山で榛名山を訪れれば、必ずや伊香保に立ち寄った。有名な温泉地でありながら、我が家の庭のように親しみのある場所だった。長じて、ライターという視点から伊香保を訪ねてみると、感慨深いものが多い。それは町の歴史であり、湯の文化であったりするのだが、とりわけ多くの文人たちが湯と町を愛したことに興味が尽きないのである。

伊香保の何が、それほどまでに彼らを魅了したのか？　敬愛する文豪たちに思いを寄せながら通い続けて書き上げたのが、本書である。

「伊香保はどんな所です？」その答えに少しでも触れていただけたなら幸いである。

２０１７年４月

小暮　淳

■プロフィル

小暮　淳（こぐれ　じゅん）

1958年、群馬県前橋市生まれ。フリーライター。

群馬県内の温泉地を中心に訪ね、新聞や雑誌にエッセーやコラムを執筆中。セミナーや講演活動も行っている。カルチャースクールの温泉講座講師、テレビやラジオのコメンテーターとしても幅広く温泉の魅力を紹介している。

NPO法人『湯治乃邑(くに)』代表理事。

著書に『ぐんまの源泉一軒宿』『群馬の小さな温泉』『あなたにも教えたい四万温泉』『みなかみ18湯〔上・下〕』『新ぐんまの源泉一軒宿』『尾瀬の里湯』『西上州の薬湯』『ぐんまの里山てくてく歩き』(以上、上毛新聞社)ほか。

群馬の温泉シリーズ
既刊のご案内

西上州の薬湯
小暮　淳著

すべてのお湯につかり、宿の主人と語り明かして見つけたものは、「湯治」へのあふれる思いだった。薬湯の意味を知り、霊験あらたかな伝説と効能の湯力にふれる１冊。

Ａ5判　92Ｐ　オールカラー
定価 1,000円＋税
ISBN 978-4-86352-153-7

新ぐんまの源泉一軒宿
小暮　淳著

わずか1カ月で増刷となった群馬の温泉シリーズのベストセラーをリニューアル。初めての掲載になる宿などを加えて、シリーズ最多の54軒の宿を掲載。

Ａ5判 132Ｐ オールカラー
定価 1,200円＋税
ISBN978-4-86352-106-3

尾瀬の里湯 老神片品11温泉
小暮　淳著

尾瀬エリアの温泉を網羅した1冊で、老神温泉全宿をはじめ54軒の宿を掲載。尾瀬ハイキングやスキーに必携。

Ａ5判 132Ｐ オールカラー
定価 1,200円＋税
ISBN978-4-86352-132-2

群馬の小さな温泉
小暮　淳著

一軒宿よりは規模の大きい温泉を取り上げた。県内の魅力的な18温泉と36軒の宿を紹介。

A5判 124P オールカラー
定価 953円＋税
ISBN978-4-86352-033-2

あなたにも教えたい四万温泉
小暮　淳著

シリーズ第3弾。四万温泉すべての37軒の宿を網羅し、それぞれの宿の個性を明快に表現。

A5判 120P オールカラー
定価 953円＋税
ISBN978-4-86352-052-3

みなかみ18湯［上］
小暮　淳著

18湯のうち、水上温泉・猿ヶ京温泉の宿34軒を掲載。ホテルから民宿までバラエティーに富んだ宿を紹介。

A5判 104P オールカラー
定価 953円＋税
ISBN978-4-86352-069-1

みなかみ18湯［下］
小暮　淳著

谷川温泉、湯ノ小屋温泉、上牧温泉、湯宿温泉をはじめ法師温泉、宝川温泉という魅力ある16の温泉地41軒の宿を紹介。

A5判 112P オールカラー
定価 953円＋税
ISBN978-4-86352-087-5

［協力］
一般社団法人　渋川伊香保温泉観光協会

［企画・編集］
プロジェクトK

取材・文　小暮　淳
アートディレクション・写真　桑原　一
装丁・デザイン　栗原 俊文
表紙・グラビア写真　酒井　寛

金銀名湯 伊香保温泉

2017年5月15日　初版第一刷発行

発　行　上毛新聞社事業局出版部
〒371-8666　群馬県前橋市古市町一丁目50-21
tel 027-254-9966　fax 027-254-9906

※定価は裏表紙に表示してあります。